PRINCIPE RATIONNEL

DE

LA RÈGLE CATONIENNE

EN DROIT ROMAIN ET EN DROIT FRANÇAIS

PAR

M. MASSOL

PROFESSEUR A LA FACULTÉ DE DROIT DE TOULOUSE, MEMBRE DE L'ACADÉMIE
DE LÉGISLATION.

PARIS

A. DURAND ET PÉDONE-LAURIEL, LIBRAIRES

9, RUE CUJAS

—

TOULOUSE

ANCIENNE MAISON DELBOY, LIBRAIRE

DUCLOS SUCCESSEUR, RUE DES BALANCES, 54

—

1876

PRINCIPE RATIONNEL

DE

LA RÈGLE CATONIENNE

EN DROIT ROMAIN ET EN DROIT FRANÇAIS.

PRINCIPE RATIONNEL

DE

LA RÈGLE CATONIENNE

EN DROIT ROMAIN ET EN DROIT FRANÇAIS

PAR

M. MASSOL

PROFESSEUR A LA FACULTÉ DE DROIT DE TOULOUSE, MEMBRE DE L'ACADÉMIE
DE LÉGISLATION.

TOULOUSE

TYPOGRAPHIE DE BONNAL ET GIBRAC

RUE SAINT-ROME, 44.

1876

PRINCIPE RATIONNEL

DE

LA RÈGLE CATONIENNE

EN DROIT FRANÇAIS ET EN DROIT ROMAIN

Bien des critiques ont été dirigées contre la règle catonienne. Nous nous sommes proposé de la venger. On l'a représentée comme une subtilité. Il nous semble qu'elle est marquée au sceau de la raison. L'on a cherché à l'exclure de notre législation ; nous nous élevons contre cette proscription.

A ce point de vue, un nouvel examen de la règle catonienne nous a paru offrir quelque intérêt; notre travail n'est pas un commentaire de textes, mais une dissertation tendant à établir que la règle catonienne est logique, et qu'elle doit être appliquée au droit français.

Notre but n'est pas le même que celui des auteurs qui ont écrit sur la règle catonienne. Tout en reconnaissant qu'ils ont laissé des traces de leur savoir sur la route qu'ils ont parcourue, nous croyons devoir prendre une autre direction.

1. La règle catonienne est ainsi conçue : « Le legs qui aurait été inutile si le testateur était mort au moment de la confection du testament, ne peut valoir parce qu'il a survécu, » l. 1 princip. Dig. *de regula catoniana*.

Le legs est seulement compris dans la formule; aussi la règle catonienne n'a trait ni aux contrats ni aux institutions d'héritier. A l'égard des contrats, il était inutile de statuer que, s'ils n'étaient pas valables à l'époque de leur formation, le temps ne pouvait pas leur donner la vertu qui leur manquait dès le principe. Le lien de droit existait à l'époque du contrat, l'on n'avait pas à se préoccuper du temps à venir.

Par rapport aux institutions d'héritier la règle catonienne n'était pas nécessaire, car une vente solennelle, une mancipation intervenait ; l'héritier était dit *emptor familiæ*.

Dans la suite l'*emptor familiæ* devint un prête-nom. La mancipation fut suivie de la nuncupation, c'est-à-dire de la déclaration solennelle, par laquelle le testateur annonçait que les tablettes qu'il montrait renfermaient ses dernières volontés.

Dans cet état du droit la nuncupation se liant à la mancipation ne formait qu'un seul acte; or comme antérieurement l'héritier était censé avoir un droit à dater de la mancipation, il devait en être de même alors que la mancipation fut accompagnée de la nuncupation.

2. Nous pensons que la règle catonienne a eu pour effet d'assimiler les legs aux institutions d'héritier ; et que, pour apprécier la valeur de cette double disposition, il faut se référer à l'époque de la confection du testament.

Il était utile que Caton s'exprimât à l'égard des legs, parce que dès le principe ils n'étaient qu'une recommandation faite à l'héritier, Gaius *comm.* 2. § 102. La mancipation, qui avait lieu primitivement et celle qui eut lieu

— 7 —

postérieurement ne les concernaient pas. L'on ne pouvait dire à leur égard que la nuncupation du testateur se rattachait à l'ancienne mancipation, puisque celle-ci n'avait trait qu'à l'héritier.

Dès lors, il n'y a pas lieu à remanier le texte de la loi 3, Dig. de regula catoniana. Il est ainsi conçu : *regula catoniana non pertinet ad hereditates* ; ce qui ne veut pas dire que le principe duquel découle la règle catonienne soit inapplicable aux institutions d'héritier, mais seulement qu'il n'était pas besoin de la règle catonienne pour l'appliquer aux institutions d'héritier (1).

La loi 4, Dig. de regula catoniana déclarant que la règle catonienne *non pertinet ad institutiones conditionales* présente quelque chose d'étrange. Après que la loi 3 du même titre avait proclamé que la règle catonienne ne comprenait pas les hérédités, il était inutile d'annoncer qu'elle laissait de côté les hérédités déférées sous condition.

Diverses explications ont été hasardées (2). Nous employons cette locution parce qu'il est très difficile de se rendre compte du contexte de cette loi.

Nous estimons que ce fragment d'Ulpien a été remanié par Justinien. Voici de quelle façon.

Ulpien n'a pu enseigner que la règle catonienne s'exer-

---

(1) Cujas, t. III, p. 94, édit. de Naples, remplace le mot *hereditates* par celui-ci : *libertates* ; et, pour rendre plausible sa correction, il fait valoir que l'institution d'héritier doit, comme le legs, être valable *ab initio*. Il faut noter que ceux qui, comme nous-même, déclarent que la règle catonienne n'a pas été établie à cause des institutions d'héritier, ne prétendent pas que l'institution d'héritier, défectueuse *ab initio*, se corrobore par le laps de temps, mais seulement que la règle était inutile à l'égard des institutions d'héritier ; la mancipation était suffisante pour préciser l'*initium* à leur égard.

(2) Mittermaier, *Archives pour la pratique civile*, t. XIV, p. 281, s'explique qu'Ulpien ait pu dire que la règle catonienne n'appartient

çait sur les institutions. Mais à l'époque de Justinien le testament ne rappelait aucun souvenir de la mancipation. Dès lors il n'y avait plus analogie entre le contrat et le testament, et l'*initium* qui était précisé par le concours des volontés pouvait devenir incertain d'après le mode de tester.

C'est afin de fixer cet *initium* que Justinien a dit que le principe de la règle catonienne s'étendait aux institutions d'héritier. Comme, toutefois, la règle catonienne laissait à l'écart les legs conditionnels, il était logique qu'elle ne s'étendît pas sur les institutions conditionnelles. Les motifs de cette restriction existaient par rapport aux institutions d'héritier comme par rapport aux legs.

Dans le chapitre où nous traitons de la règle catonienne au temps de Justinien, nous soutiendrons que cet empereur a étendu le principe de la règle catonienne aux institutions d'héritier. Il est indubitable que si, à l'époque où Caton

---

pas aux institutions conditionnelles pour marquer la différence qui existe entre les institutions conditionnelles et les legs conditionnels. La capacité de l'héritier sous condition est exigée *tempore facti testamenti*, tandis qu'il en est autrement de celle du légataire sous condition.

Ce sentiment est actuellement tout-à-fait délaissé. L'on reconnaît généralement et avec raison que la capacité du légataire sous condition, comme celle de l'héritier sous condition, doit exister à l'époque de la confection du testament.

Le président Fabre, *Conject.*, lib. 13, cap. 19, estime qu'il faut effacer le mot *conditionales* qui a été ajouté par quelque interprète ignorant. M. Machelard, *Etude sur la règle catonniene*, p. 14, ne rejette pas l'avis de Fabre, quoiqu'il soit plus enclin à croire que le texte de la loi 4 n'est qu'une transformation maladroite d'un autre texte d'Ulpien, de la loi 44, § 2, *de legatis*, 1°. Dans ce dernier fragment se trouvent ces expressions : *Ad conditionalia catoniana non pertinet*. Malgré leur généralité, elles sont restreintes par le titre des legs sous lequel elles sont placées. Tribonien aurait eu le tort de penser qu'elles comprenaient les institutions d'héritier.

Nous sommes d'avis que Tribonien a retouché le texte de la loi 4 précitée; mais, d'après nous, c'est en connaissance de cause et pour la mettre en harmonie avec la nouvelle législation de Justinien.

rédigeait sa règle, les testaments avaient comporté les formes qui leur furent plus tard attribuées, il n'aurait pas hésité à faire rentrer dans sa formule les institutions d'héritier aussi bien que les legs.

Après ces observations préliminaires, occupons-nous de la règle catonienne : 1. D'après le droit romain ; 2. D'après le droit français.

Ire PARTIE.

DROIT ROMAIN.

Voici les divisions qui nous paraissent devoir être tracées.

1. La règle catonienne est fondée sur la raison ;
2. A quels legs la règle catonienne est-elle applicable ;
3. C'est à tort que l'on dit que dans certains cas la règle catonienne est fausse ;
4. Justinien devait maintenir la règle catonienne et l'a maintenue.

En cherchant à établir que la règle catonienne n'est pas, comme on l'a prétendu, fausse dans certains cas et que Justinien a dû la conserver nous corroborerons la proposition tendant à établir que la règle catonienne émane de la raison.

CHAPITRE 1er.

La règle catonienne est fondée sur la raison.

1. La règle catonienne rentre dans celle-ci : *quod ab initio vitiosum est, non potest tractu temporis convalescere*, l. 29, Dig. *de regulis juris*.

Mais cette règle n'apprend pas l'époque à laquelle existe l'*initium* par rapport aux legs ni l'époque à laquelle il faut se référer pour les apprécier.

La règle catonienne sert à préciser cet *initium*. En le faisant remonter à l'époque de la confection du testament elle s'est inspirée de la raison. C'est pourquoi ce qu'elle décide a dû être admis dans tous les temps. Caton n'a fait que présenter une formule, de sorte que l'on peut dire que sa règle lui est antérieure (1).

2. La volonté du testateur qui lègue confère un droit sans que la volonté du légataire intervienne.

La disposition testamentaire n'a pas besoin d'être acceptée ; elle a le même effet que si elle l'était. Un contrat ne devient un titre, ou plutôt n'est un contrat, que tout autant que le créancier donne son adhésion. Le légataire qui invoque le testament dans lequel il n'a point figuré a un titre aussi parfait que celui d'un créancier

---

(1) Le président Fabre, *Conject.*, lib. 13, cap. 19, émet l'avis que Caton a innové en ce sens, qu'avant lui, il fallait, par rapport au legs, considérer l'époque de la mort du testateur, car le legs étant une dépendance de l'institution qui est la base du testament, il suffisait que l'héritier eut l'aptitude à l'époque de la confection du testament.

Cette proposition nous paraît inexacte. Caton n'a pas fait de changement par rapport au legs ; il n'a pas créé un droit, mais seulement une formule. L'institution d'héritier est *caput et fundamentum testamenti*, c'est-à-dire que les diverses dispositions contenues dans un testament ne sont pas valables sans intitution d'héritier régulière ; ainsi, l'institution d'héritier étant vicieuse et le legs irréprochable, le légataire sera sans titre. Mais la maxime précitée ne signifie pas que le légataire privé d'aptitude au temps du testament emprunte celle de l'héritier. Fabre aurait dû considérer que le légataire obtient un droit à l'époque du testament, d'où il suit qu'il doit être à même d'en profiter.

Cette critique sur un point ne nous empêche pas de reconnaître que le président Fabre a montré une grande sagacité en traitant de la règle catonienne. Il est l'un et peut-être celui des anciens commentateurs qui l'ont le mieux envisagée.

qui se prévaut d'une convention dans laquelle il a été partie (1).

De là il suit qu'à l'époque de la confection du testament le légataire est investi d'un droit (2). Dès lors il faut se reporter à cette époque pour savoir s'il peut en bénéficier.

Que l'on n'objecte pas qu'un legs n'est qu'une offre faite, et que ce n'est qu'au temps de l'acceptation que s'apprécie l'aptitude de celui qui veut en profiter. Le legs est plus qu'une offre ; car l'offre n'est qu'un projet tout le temps qu'elle n'est pas acceptée ; il en est autrement du legs qui est un projet réalisé. Je veux vous faire une dona-

---

(1) Voir notre *Traité de l'obligation naturelle et morale*, p. 189. Nous faisons valoir divers motifs pour démontrer que les dispositions testamentaires n'ont pas besoin d'être acceptées du vivant du testateur.

Le testament étant du droit des gens doit être admis tel qu'il se pratique ; or, d'après la législation des divers peuples, les bénéficiaires n'interviennent pas pour accepter les libéralités testamentaires ; il pourrait même y avoir danger pour le disposant à ce qu'il en fût ainsi C'est pourquoi les Romains qui, dans les temps anciens, appelaient l'héritier à la confection du testament, durent supprimer cette manière de procéder.

Outre le péril que courait le testateur, l'on doit considérer l'inconvénient résultant de l'acceptation du gratifié par rapport à la révocabilité du testament. Il y aurait des difficultés pour s'expliquer comment le testateur pourrait rétracter des libéralités qui ont été acceptées.

Sans doute, la donation à cause de mort qui exige l'acceptation est cependant révocable. Nous comprenons cette acceptation, parce qu'ordinairement la chose est livrée immédiatement au donataire ; mais il n'en est pas de même à l'égard de l'héritier et du légataire, du vivant du testateur ils ne sont pas mis en possession.

(2) Barbeyrac, dans ses Notes sur l'ouvrage de Pufendorf, édit. de 1734 : *Le droit de la nature et des gens,* t. I, p. 663, s'exprime ainsi : L'héritier acquiert quelque droit du vivant même du testateur, *quoique ce droit ne soit pas irrévocable et qu'il ne le devienne que quand le testateur est mort sans avoir changé de résolution. Ceux qui prétendent le contraire sont tombés dans cette erreur faute de bien distinguer les actes imparfaits et non consommés d'avec ceux qui sont nuls et de nul effet.*

tion entre vifs. J'exprime à cet égard ma volonté d'une manière régulière. Je meurs avant que vous ayez accepté. Vous n'avez aucune espèce de droit.

Il est vrai que le legs peut être révoqué par le testateur, mais cette révocabilité n'empêche pas qu'il y ait eu investiture d'un droit. La donation à cause de mort est assurément révocable, cependant elle peut être faite de façon même que la propriété soit transférée au donataire. — L. 2, Dig. *de mortis causa donationibus*.

Dans le précaire est-ce que celui qui a livré la chose ne peut pas la reprendre quand il veut et retirer l'avantage qu'il avait conféré? L. 1 Principe, *de precario*. Cependant jusques là celui qui a reçu possède, et il peut faire usage de l'interdit. — L. 4, § 1, 1. 17 Dig. *de precario*.

Si le testateur vient à tomber en démence, l'acte de ses dernières volontés sera maintenu et personne ne pourra ni en détruire ni en paralyser l'effet. Ce testament sera devenu irrévocable. Cela est ainsi par égard pour la volonté du testateur. Il est à présumer que ce dernier qui a exprimé son intention ne l'aurait pas rétractée s'il avait été à même de le faire. Ce qui dénote que la désignation relatée dans un testament doit être prise en considération au moment de la confection de l'acte (1).

---

(1) Puisqu'il existe un droit au profit de la personne du gratifié dans un testament alors même que celui qui a disposé est vivant, il en résulte que le législateur ne peut y porter atteinte par une règle nouvelle. S'il imposait de nouvelles conditions ou restrictions, il blesserait le principe de la non rétroactivité des lois.

L'on a coutume de dire qu'une nouvelle loi peut enlever un droit qui n'est pas irrévocablement acquis. Cette formule est trop absolue. Sans doute, quand le législateur confère lui-même un droit, qu'il déclare par exemple que l'on est majeur à tel ou tel âge, il lui est loisible de reculer l'époque de la majorité et de replacer en état de minorité ceux qui se trouvaient en état de majorité. Les personnes perdent une aptitude,

Par rapport au testateur l'on exige qu'à l'époque de la confection de l'acte de dernière volonté il ait voulu et pu disposer, car il est censé alors se dépouiller à un certain point. Or peut-on concevoir qu'il ait voulu se dépouiller si le légataire n'était pas à l'instant investi ? Il n'entendait pas abandonner purement et simplement ses biens, mais les transmettre au légataire, par conséquent la nécessité de l'aptitude du testateur à l'époque de la confection de l'acte implique celle du légataire.

Le testament conférant un droit au bénéficiaire l'on pourrait croire que la règle catonienne doit s'appliquer au legs conditionnel, car une disposition de cette nature constitue un avantage.

L'on serait dans le vrai si l'on prétendait que le légataire doit être capable d'une manière générale, qu'il doit avoir la *factio testamenti*, mais que l'on ne perde pas de

mais les actes qu'elles ont faits au moyen de cette aptitude sont respectés. Quand au contraire le droit n'émane pas directement du législateur, il ne peut l'ôter ou l'amoindrir sans froisser le principe de la non-rétroactivité des lois.

Que l'on n'objecte pas que le testateur n'avait qu'à refaire son testament ; mais ne peut-il pas arriver qu'il se trouve alors privé de sa raison ? N'est-il pas possible qu'il meure bientôt après la promulgation de la nouvelle loi. Constatons que le législateur romain ne s'était pas mépris à cet égard ; il n'entendait pas régir les droits en suspens lors de la promulgation de la règle nouvelle ; c'est ainsi qu'il décrétait que tout en empêchant la femme d'être instituée héritière par celui qui avait une certaine fortune, il réservait l'efficacité aux testaments antérieurs dont les auteurs étaient vivants.

M. de Savigny, *Traité de droit romain*, t. VIII, p. 464, croit que c'est là une exception ; nous estimons, au contraire, que c'est là une conséquence d'un principe général. Ce jurisconsulte fait remarquer que le législateur avait voulu épargner aux testateurs l'embarras de recommencer l'acte de leur dernière volonté, que de tels ménagements doivent être approuvés, et que, d'ailleurs, il importe peu au législateur que la nouvelle loi reçoive une exécution immédiate ou soit retardée de quelque temps.

Cette explication est loin de satisfaire. S'il y a une exception, nous

vue que la règle catonienne ne se réfère qu'au cas où le bénéficiaire ne peut profiter de la disposition à cause d'un empêchement relatif ou accidentel, par exemple quand on lui a légué sa propre chose.

Cette disposition est défectueuse si elle est pure et simple, car le légataire ne peut acquérir au même instant où on lui donne. Si la disposition était faite pour le cas où le légataire aliénerait l'objet, pourquoi ne pas la valider ?

Le légataire ne pouvant prétendre à la chose qu'à l'époque de l'événement de la condition, il doit suffire qu'alors il puisse l'acquérir.

Le legs conditionnel implique l'expectative d'un événement qui est susceptible d'accomplissement après la mort du testateur ; or, prétendre qu'il faut s'attacher à l'époque de la confection du testament pour savoir si le légataire a droit à la disposition, c'est annihiler le legs conditionnel,

demandons quel est son fondement. S'il est indifférent au législateur que la loi soit exécutée de suite ou postérieurement, on peut tenir le même langage par rapport à toutes lois qui ont trait aux testaments et qui ne sont pas d'intérêt général. Nous admettons et l'on doit admettre la rétroactivité, à l'égard des lois qui sont destinées à venger la morale et l'ordre public. Tel est aussi le sentiment de M. Bonnier dans son remarquable traité *des Preuves*, n° 925. Il en était ainsi en droit romain, et il doit en être de même en droit français.

Que l'on n'oppose pas que si le législateur doit respecter les expectatives résultant des dispositions testamentaires, il doit en être de même par rapport aux expectatives provenant de la vocation de la loi, et que, conséquemment, une nouvelle loi ne pourra intervertir l'ordre légal des successions au préjudice de ceux qui étaient héritiers présomptifs.

Il ne faut pas, comme nous l'avons indiqué plus haut, confondre deux espèces bien distinctes. Le légataire a une expectative que la volonté de l'homme lui a conférée et que le législateur ne doit point ravir. Quand l'expectative émane du législateur lui-même, il lui appartient de la retirer. Dans le premier cas, l'on détruirait une libéralité sans la participation du donateur ; dans le second cas, c'est le donateur lui-même qui la retire.

c'est le prohiber de la manière la plus absolue; car le légataire conditionnel ne peut dire qu'au moment de la confection de l'acte le droit au legs lui serait dévolu, si le testateur mourait au même instant (1).

Certains auteurs (2) expliquent la règle catonienne de la manière suivante : Elle serait une interprétation de la volonté du testateur. Sachant que la mort peut le frapper à chaque instant, il est censé disposer pour l'époque où il teste. Quand le legs est conditionnel il manifeste une opinion contraire, et alors la règle catonienne ne doit pas être consultée.

(1) Nous ne contestons pas que lorsque le legs est conditionnel, il n'existe un droit en faveur du gratifié. Nous avons précédemment soutenu qu'une nouvelle loi ne pourrait y porter atteinte sans rétroagir. Mais il ne faut point perdre de vue que tous les legs qui constituent des droits ne rentrent pas dans le cercle de la règle catonienne.

(2) Ortolan, *Explication historique des instituts*, t. II, n° 860, dern. édit.

Machelard, *Etude sur la règle catonienne*, p. 2.

Mittermaier, *Archives pour la pratique civile*, t. XIV, p. 278, assigne cet autre motif à la règle catonienne. Les legs se rattachaient à un acte solennel, le testament ou le codicille confirmé par testament; or, un acte solennel doit être valable dès qu'il est formé; un événement postérieur ne peut lui attribuer la perfection qu'il n'avait pas d'abord.

Cette explication ne nous paraît pas de nature à justifier la règle catonienne. Quand les fidéicommis devinrent obligatoires, ils n'étaient, avant Constantin, assujettis à aucune formalité, et cependant plusieurs textes enseignent que leur validité s'appréciait à l'époque même où ils étaient effectués. Ainsi, une constitution de Dioclétien et de Maximien nous apprend que la chose du gratifié ne peut être l'objet ni d'un legs ni d'un fidéicommis pur et simple. L. 13, Codice, *de legatis*.

Les lois que l'on oppose ne militent nullement contre notre doctrine ; elles portent que la *testamenti factio* qui, du reste, est étrangère à la règle catonienne, suffit à l'époque du décès. Cela ne prouve absolument rien. Les fidéicommis se formant *nuda voluntate*, sont valables quand la *testamenti factio* qui n'a pas d'abord existé se rencontre néanmoins à l'époque de la mort; car il faut admettre, comme le mentionnent les textes, que le disposant a persévéré dans sa volonté; par conséquent, il est censé faire le fidéicommis au moment où il décède. C'est ainsi que les

Ce motif ne nous paraît pas fondé. Le testateur est-il présumé vouloir restreindre l'effet de ses dispositions ? Il sait sans doute qu'il peut mourir immédiatement, mais il sait aussi qu'il peut mourir plus tard. Est-ce que l'homme ne se flatte pas qu'il vivra longtemps ; est-ce que cette idée n'est pas aussi dans l'esprit des testateurs (1) ?

La règle catonienne, à notre avis, n'est pas tant la conséquence de la volonté du testateur, que la conséquence des principes généraux.

Quand le legs est conditionnel il ne saurait être question de la règle catonienne parce que le droit est en suspens, et qu'il serait choquant de se préocuper de la réalisation d'une disposition à une époque où elle est nécessairement irréalisable.

2. Puisque la règle catonienne est un hommage rendu à la raison, il en résulte qu'un testateur ne pourrait déclarer même de la manière la plus explicite qu'il entend que

---

§ 1 et 5 de la loi 1re, dig. *De legatis* 3º fondent la décision sur cette circonstance que le disposant *in eadem voluntate duravit*. Aussi, nous ne penserions pas que le fidéicommis fût valable si, immédiatement après l'avoir fait, le disposant était tombé en démence. Nous raisonnons dans cette espèce comme dans celle où il s'agit d'un testament irrégulier fait par celui qui ensuite devient soldat. Il vaudra comme testament, pourvu qu'il y ait une manifestation de volonté à cet égard. Le silence gardé n'amènerait pas ce résultat. — Inst., § 4, *de militari testam.* ; l. 25, Dig. *de testamento militari*.

En résumé, nous estimons qu'il ne faut pas s'attacher à la solennité de l'acte, mais examiner s'il confère quelque droit, et dans ce cas l'aptitude du gratifié doit coïncider avec la formation du dit acte, même non solennel.

(1) Quand il y aura doute sur le sens de la disposition qui serait frappée par la règle catonienne, si elle était pure et simple, nous serions enclin à l'envisager comme conditionnelle. Nous l'interpréterons de façon à ce qu'elle produise quelque effet. Lorsque le doute ne sera point possible et qu'elle apparaîtra comme pure et simple, son invalidité découlera non de la volonté du testateur, mais des principes juridiques.

ses dispositions échappent à la sanction de la règle catonienne. Le testateur n'a qu'à faire des legs conditionnels et ils seront à l'abri de la règle catonienne ; mais il ne saurait prétendre qu'un legs pur et simple doit être interprété comme conditionnel, à moins que de le rendre conditionnel.

Si le legs pur et simple est soumis à la règle catonienne il offre du moins cet avantage que, par rapport à lui, le *dies cedit tempore mortis testatoris*, tandis que à l'égard du legs conditionnel, le *dies cedit tempore eventus conditionis* ; ainsi le legs pur et simple est transmis aux héritiers du légataire qui a survécu au testateur et qui meurt avant l'adition de l'hérédité, tandis que le legs conditionnel ne passe aux héritiers du légataire qui meurt après le décès du testateur, et avant l'accomplissement de la condition. Le testateur ne peut changer ce qui est de l'essence soit du legs pur et simple, soit du legs conditionnel. De même qu'il ne pourrait prétendre qu'un legs conditionnel et tout en restant conditionnel est transmissible aux héritiers du légataire, de même il ne peut statuer qu'un legs véritablement pur et simple sera hors de la portée de la règle catonienne (1).

3. La règle catonienne découlant des principes fondamentaux du droit, l'on ne peut comprendre qu'elle n'existe

---

(1) Si le testateur déclarait que le décès du légataire survenant antérieurement à l'adition de l'héritier, il entendait que le legs ne fût pas transmissible aux héritiers du légataire, ce legs ne serait plus un legs pur et simple, mais un legs conditionnel, subordonné à la survivance du légataire à l'époque de l'adition de l'hérédité.

Dans cette espèce, nous reconnaissons un legs conditionnel, parce qu'il est formulé de manière à ce que l'existence du droit soit subordonnée à un événement ; lorsqu'au contraire le legs est conçu de telle sorte qu'il ne dépende pas de la réalisation d'un événement, alors il est et doit rester pur et simple ; or, dire que le legs sera préservé des atteintes de la règle catonienne, ce n'est pas exprimer une condition.

pas ; les empereurs romains en octroyant des faveurs aux militaires ne sont pas censés vouloir s'élever contre ce qui tient à la nature des choses (1). C'est ainsi que nous avons soutenu que les jurisconsultes romains n'ont pu admettre que l'héritier d'un militaire fut institué taxativement pour une partie, parce qu'il est choquant que l'on représente une personne, pour une moitié, pour un tiers, etc. C'est ainsi encore qu'un militaire ne pourrait dans son testament nommer un tuteur pour les biens et non pour la personne.

Que l'on n'oppose pas la loi 13, § 2 Dig. *de testamento militis* d'après laquelle il suffit que l'institué par un militaire ait la *factio testamenti tempore mortis*.

Ce texte même porte avec lui la solution. Il déclare que le bénéficiaire n'ayant pas d'abord l'aptitude s'il l'acquiert à l'époque de la mort du testateur, la disposition est valable, *institutio incipit convalescere quasi tunc data hereditate*. La volonté du testateur est censée exister à l'époque de la mort du testateur, cela n'est pas étonnant puisque cette volonté est dispensée de toute forme ; par conséquent ce qui est statué à l'égard de l'institué par le militaire serait différent si le testament militaire était assujéti à des formalités (2).

4. Au reste l'héritier ou le légataire choisi par le militaire peut, s'il y a intérêt, dire que l'*initium* de l'acte existe *tempore facti testamenti*. Le législateur en accordant une faveur au militaire n'est pas censé avoir entendu le priver du droit commun (3).

(1) Voir notre écrit de la règle *nemo pro parte testatus et pro parte intestatus*, p. 28.

(2) Ici retrouvent leur place les observations que nous avons présentées à l'égard des fidéicommis.

(3) Que l'on n'objecte pas que par cette décision nous permettons au légataire de se faire un jeu de la règle catonienne, car n'ayant pas l'ap-

— 19 —

L'on sait que le legs est nul si le légataire avait à l'époque du testament la propriété de la chose dont il est gratifié ; or si le légataire désigné par un militaire n'avait pas la propriété de la chose à l'époque de la confection du testament, et s'il en est investi au moment de la mort du testateur, ce serait être très rigoureux que de prétendre que le legs est vitié attendu que l'*initium* serait défectueux. Dans ce cas nous ferons l'application du § 6, Inst. *de legatis*, et si la cause de l'acquisition est gratuite il ne pourra pas réclamer l'estimation, dans le cas contraire, il le pourra. Le principe que deux cause lucratives ne peuvent se cumuler à l'égard de la même personne et du même objet nous semble devoir être observé en ce qui concerne le testament militaire, car le testateur a voulu gratifier le légataire au moyen de la chose. Quand celui-ci l'obtient à titre gratuit, le but que le testateur avait en vue est atteint. Lorsque au contraire un prix d'acquistion a été payé, le légataire n'a point l'enrichissement que le testateur lui destinait et par conséquent il faut lui accorder ce qui représente cet enrichissement.

En établissant que la règle catonienne a sa source dans la raison nous avons indiqué d'une manière générale quelle était sa portée et son étendue. Tout en ne perdant pas de vue que notre dissertation n'est pas un commentaire nous devons faire des précisions qui feront connaître le véritable caractère de la règle catonienne et par cela même nous réfuterons les critiques que l'on a faites ou que l'on serait tenté de faire. Comme cette règle est

---

titude au moment où était fait le testament, il dira que l'aptitude au moment du décès du testateur est suffisante. L'on doit remarquer que la règle veut que l'on se réfère à l'*initium* pour apprécier l'aptitude du légataire ; or, par rapport au testament militaire, l'*initium* peut être aussi bien fixé au temps où le militaire témoigne sa volonté qu'au temps où il la confirme.

formulée en termes très concis, il n'est pas étonnant que l'on se soit mépris quelquefois sur sa signification et qu'on lui ait fait dire ce qu'elle ne dit pas.

Chapitre 2.

Des legs auxquels s'applique la règle Catonienne.

Nous tâcherons de justifier les deux propositions suivante :

a.) La règle catonienne est tout-à-fait étrangère aux legs atteints d'un vice radical.

b.) La règle catonienne s'applique aux legs atteints d'un vice momentané ou relatif. Elle ne concerne que les legs susceptibles de recevoir l'exécution à l'époque de la confection du testament.

SECTION Ire.

1. Quand le vice est radical, l'on n'a pas besoin de recourir à la règle catonienne. La disposition est imprégnée d'une tache qui ne peut être lavée.

Le testateur aura-t-il voulu disposer pour le cas où la prohibition de léguer viendrait à cesser, il ne sera pas moins répréhensible d'avoir blessé les principes essentiels du droit ? La raison qui aurait protesté contre un legs de cette nature qui aurait été pur et simple ne s'accommode pas davantage des graves atteintes qui lui sont portées conditionnellement.

2. La *factio testamenti* est indépendante de la règle catonienne. L'on pourrait imaginer jusqu'à un certain point que l'on rejetât la règle catonienne et que néanmoins on reconnût la nécessité de la *factio testamenti*. Il y a vice radical quand la *factio testamenti* ne se rencontre pas.

Peut-on concevoir qu'au moyen d'un testament un droit soit conféré à une personne dont le nom ne peut figurer dans un acte de cette nature ?

Le § 24 *de legatis*, Instit. exige pour les légataires la *factio testamenti* aussi impérieusement que pour les héritiers et cela devait être alors surtout que l'*emptor familiæ* n'intervenant que pour la forme, le testateur consignait ses dernières volontés dans un écrit qui contenait également le nom de l'héritier et des légataires. Ce n'était plus au nom d'un mandat conféré à l'héritier que les légataires obtenaient la gratification dont ils étaient l'objet, mais au moyen d'une sorte de titre qui leur était commun avec l'héritier lui même.

Lorsque le legs sera conditionnel, la *factio testamenti* sera également requise *tempore facti testamenti*, l. 59, § 4, Dig. *de hered. inst.* (1). Que dirait-on d'un contrat qui serait formé sous la condition que l'une des parties deviendrait ensuite capable?

3. D'après le même principe nous regarderons comme non avenu le legs conditionnel d'une chose hors du commerce et qui postérieurement entrerait dans le commerce. L'on ne peut que s'accorder pour proscrire une disposition au moyen de laquelle on trafiquerait en quelque sorte sur un objet qui ne peut fournir matière à des spéculations. Ce legs offense les mœurs publiques.

C'est le cas de dire avec le jurisconsulte, que des évé-

---

(1) La loi 62, Dig. *de hered. instit*, n'est nullement contraire, elle se réfère au *jus capiendi* et non à la *factio testamenti*. L'on sait que celui qui n'a point le *jus capiendi* peut néanmoins avoir la *factio testamenti*. En effet, l'on ne peut ôter l'émolument attaché au titre d'héritier ou de légataire qu'à celui qui est héritier ou légataire.

L'opinion que nous avons émise à l'égard de la *factio testamenti* est généralement accréditée. — Voir notamment Vangerow, t. II, p. 815, et Machelard, *Etude sur la règle catonienne*, p. 19.

nements de cette nature ne doivent pas être prévus. D'après ce motif la loi 83 § 5, Dig. *de verb. oblig.* déclare que l'on ne peut stipuler une chose hors du commerce dans la prévision où elle entrerait dans le commerce.

4. Antérieurement à Justinien il était défendu d'instituer des personnes incertaines ou de leur léguer parce que, dit Ulpien *certum consilium debet esse testantis.* regul. tit. 22, § 4. Le legs conçu de la sorte est réputé fait à des personnes incertaines : je lègue à ceux qui seront nommés consuls aux premières élections qui suivront mon testament. »

Ce legs était considéré comme renfermant un vice radical ; aussi, n'aurait-il pas été valable quand il aurait été consigné dans un testament militaire ; Instit., § 25 *de legatis*. Cependant l'on sait combien ce testament était privilégié. Sans doute l'on attribue la plus grande puissance à la volonté du militaire mais il faut que cette volonté existe ; or Ulpien, dans le texte précité, déclare que celui qui dispose à l'égard d'une personne incertaine ne s'exprime que d'une manière équivoque.

Le legs est nul quoique la personne incertaine dès le principe soit devenue certaine ensuite ; ainsi dans l'espèce précitée les légataires étant les premiers consuls qui seraient nommés après la confection de l'acte de dernière volonté, le testateur a été à même de les connaître. Cela est indifférent. La disposition renfermait en elle un vice indélébile. Fût-elle conditionnelle elle n'en serait pas moins dépourvue de toute espèce d'effet. A l'égard des legs aussi fortement réprouvés il ne s'agit pas d'interroger la règle catonienne.

SECTION II.

1. La règle catonienne n'est édictée que pour les legs dont le vice est momentané ou relatif. Elle laisse de côté les legs dont le droit n'est encore qu'une expectative.

2. Voici les corollaires de ce principe: on ne pourrait léguer à quelqu'un purement et simplement sa propre chose, Instit. § 10, *de Legatis*. Mais la règle catonienne n'infirmerait pas un tel legs qui serait conditionnel. Si le légataire aliène cette chose avant l'événement de la condition, il profitera de la disposition :

Le texte de la loi 41, § 2, Dig. *de legatis* 1° indique un legs conditionnel en général. Pour le mettre en dehors de la règle catonienne il n'est pas nécessaire d'exprimer que le legs est fait à condition qu'à l'époque de l'événement de la condition la chose aura cessé d'appartenir au légataire.

La règle catonienne réprouvera le legs pur et simple d'une servitude prédiale fait à celui qui n'a pas encore le fonds auquel elle doit être attachée.

Si la disposition était conditionnelle et si à l'époque de l'événement de la condition, le fonds se trouvait acquis, le legs recevrait son exécution.

Nous ferons remarquer comme dans l'exemple précédent qu'il suffit qu'une condition soit apposée et qu'il n'est pas requis que le fait de l'acquisition avant l'événement de la condition soit expressément relaté, en un mot que l'acquisition elle-même fasse condition.

L'on ne peut léguer purement et simplement les matériaux d'un édifice, mais il est permis de les léguer s'ils viennent à être détachés ou sous une autre condition, l. 41, § 2 *de legatis*. 1° Quoique ce texte mentionne cette modalité, *Res, si existentis conditionis tempore œdibus juncta non sit.* Le legs ne serait pas moins valable si le testateur ne prévoyant pas la démolition s'était borné à exprimer une condition quelconque possible. C'est là un principe dont nous avons tiré des conséquences par rapport aux exemples qui précèdent.

3. Les legs *nominis liberationis et debiti* offrent des cas d'application de la règle catonienne.

L'on a légué la créance que l'on a sur un tiers, ce legs est frappé de nullité si la dette n'existait pas à l'époque de la confection du testament (1); quand même elle aurait pris naissance postérieurement, le legs ne serait pas moins défectueux. Il tomberait sous le coup de la règle catonienne.

Il en serait autrement si le legs était conditionnel et que plus tard le légataire devint débiteur. On sait que la règle catonienne ne fixe pas l'*initium* à l'instant de la

(1) Il faut évidemment supposer qu'un chiffre a été indiqué (L. 75. § 1 et 2, Dig. *de legatis*, 1°). — La même observation doit être faite à l'égard du legs de libération.

Toutefois, nous ne penserions pas qu'il fût nécessaire qu'un chiffre fût mentionné quand le legs est conditionnel, par exemple si le testateur s'est exprimé de la sorte : Je lègue à *Secundus* ce que *Primus* me devra, pourvu que tel événement se réalise.

Nous allons plus loin, et nous regarderions comme conditionnel et comme n'étant pas soumis à la règle catonienne le legs ainsi conçu : Je lègue à *Primus* ce que *Secundus* pourra me devoir. Ce legs échappe à la règle catonienne, non parce qu'il renferme une condition dans la véritable acception du mot, mais parce qu'il contient quelque chose qui n'existe pas au moment de la confection et qui ne peut exister que plus tard. Si l'on considérait ce legs comme pur et simple, si l'on fixait l'*initium* à l'époque de la confection du testament, comme le legs aurait été inutile si le testateur était décédé en ce moment car rien ne se trouve être dû, il s'ensuivrait que jamais il ne serait valable. C'est le cas de rappeler le principe suivant lequel la règle catonienne n'appartient pas *ad conditionalia*; donc, si l'on a légué une chose qui n'existe pas, mais qui peut exister dans la prévision du testateur, la règle catonienne n'a point de prise sur un tel legs.

confection du testament à l'égard des legs conditionnels.

Quand un legs de libération est fait, et que rien n'est dû, les textes nous apprennent que le légataire n'a point de réclamation à former ; il en est ainsi alors même qu'une somme a été indiquée, par exemple si le testateur a dit : *Je lègue à Mœvius les cent qu'il me doit*, l. 25, Dig *de Liberatione legata*. Le legs de libération n'est pas le legs d'une somme, mais quelque chose d'incorporel. L'héritier n'est tenu qu'à décharger le débiteur et non pas à payer.

Le *legatum debiti* a des lois particulières qu'il importe de signaler.

Si le testateur lègue à son créancier ce qu'il lui doit, le legs sera valable pourvu qu'il soit plus avantageux que la créance elle-même. Cela se réalisera quand le legs sera pur et simple et la créance à terme ou sous condition. Le terme venant à échéance, ou la condition s'accomplissant pendant la vie du testateur, ce legs qui était valable dès le principe, cessera-t-il de l'être ?

Le § 14 du titre *de Legatis*, Inst., condamne la doctrine qui voulait que le legs devint inutile lorsque du vivant du testateur il se produisait des circonstances qui l'auraient vicié si elles s'étaient rencontrées dans le principe. Nous devons constater qu'à cet égard Papinien et Paul étaient dissidents.

Dans la loi 5 Dig. *ad legem falcidiam* Papinien se prononce dans le même sens que Justinien dans les Institutes. Paul dans la loi 82 princ., Dig. *de legatis*-2° se range à l'avis contraire (1). L'opinion défendue par Papinien nous

---

(1) Dans le § 6, Inst. *de noxalibus act.*, Justinien, en vertu de la règle que toute action est déniée *cum res deducta est in casum in quo consistere non potuit*, déclare que si un esclave commet un délit envers une

paraît conforme aux vrais principes et par conséquent préférable à celle de Paul. Les commentateurs ont fait de grands frais d'imagination et d'érudition pour justifier le sentiment de Papinien. Ils font remarquer que le legs offre cet avantage, que s'il est *per damnationem*, l'*inficiatio* amènera une condamnation au double et que, s'il est *sinendi modo*, le simple retard permettra de réclamer des intérêts, Gaïus, comm. 2, § 280.

Nous ne croyons pas que ce soit à ce point de vue que la question doive être envisagée. Pour savoir s'il y a dans le legs plus que dans la créance, il ne faut pas considérer un avantage qui se réalisera accidentellement et très-rarement et qui par cela même est insignifiant. En effet, si l'on léguait la même somme qui serait due purement et simplement, le legs ne serait pas valable, et l'on ne serait pas admis à prétendre que le legs peut amener soit des intérêts, soit une condamnation au double. Au contraire la validité du legs est soutenue lorsqu'un terme ou une condition étaient attachés à la créance parce que le legs aurait procuré un émolument si le testateur était mort immédiatement après la confection de l'acte de dernière volonté ; car il faut remonter à cette époque pour savoir s'il y a émolument. C'est à cette époque comme nous l'avons exposé antérieurement qu'un droit est conféré au légataire.

Il est bien entendu que l'on ne peut contraindre un

---

personne qui l'acquiert ensuite et qui l'aliène, l'action noxale ne peut prendre naissance.

Dans ce cas, la maxime que Papinien a préconisée serait mal à propos invoquée. Elle amènerait à un résultat qui répugne. En effet, il s'agit de poursuivre le nouveau propriétaire de l'esclave et de l'obliger à subir des condamnations pécuniaires qui peuvent s'élever à un taux considérable, à moins que ce nouveau maître ne préfère effectuer l'abandon noxal.

créancier à changer la nature de son titre, à le remplacer par un autre, à se prévaloir d'un testament, et à renoncer à l'action du contrat. Mais le créancier aura la faculté d'opter. L'échéance du terme ou l'avènement de la condition ayant eu lieu avant la mort du testateur, suivant l'opinion de Papinien qui l'a emportée le créancier pourra dire que le legs est valable, tandis qu'il ne lui aurait pas été permis de s'exprimer de la sorte si l'échéance du terme ou l'avènement de la condition assigné à la dette remontaient au temps de la confection du testament. De même que l'on ne peut léguer à quelqu'un sa propre chose, de même l'on ne peut lui léguer ce qui lui est dû, lorsque la disposition testamentaire ne contient pas un plus grand émolument (1).

4. La règle catonienne doit encore tenir lieu de guide quand le bénéficier se trouve dans un état de dépendance par rapport à l'héritier. Le maître est institué héritier, son

---

(1) S'il n'y a point de dette, le legs *nominis vel liberationis* ne serait qu'une lettre morte alors même qu'un chiffre avait été exprimé. Il en est autrement par rapport au *legatum debiti*. — L. 25 *in fine*, Dig. *de liberatione legata*. A l'égard de ce dernier legs, il ne s'agit pas d'exciper de la règle catonienne pour prétendre que la dette n'existant pas, le *legatum debiti* s'évanouit, car l'*initium* n'est pas défectueux.

Le législateur, au contraire, reconnaît le legs valable dès l'origine. Pourquoi en est-il ainsi ? La raison de décider semble être celle-ci : Le testateur qui déclare devoir veut cacher sa libéralité, par exemple afin de ne pas mécontenter ses héritiers. Ce n'est que pour la forme qu'il se reconnaît débiteur ; au fond, il sait qu'il ne l'est pas. — En outre, étant obligé de payer la somme comprise dans le legs *nominis* ou *liberationis*, alors qu'il n'y a point de dette, l'héritier serait tenu d'employer une partie du patrimoine qui lui est resté. Si la dette avait existé, l'héritier se serait borné à se dessaisir de ses droits en faveur des légataires. Mais, quand le testateur déclare qu'il doit, l'héritier se trouve prévenu qu'il sera fait face à cette dette au moyen de l'actif de la succession, le testament le lui apprend. Dans ce cas, il n'est pas question de déléguer une action, ou d'y renoncer.

esclave est légataire, faudra-t-il reconnaître ce legs? La règle catonienne s'oppose à la validité du legs qui est pur et simple, mais elle n'empêchera pas le legs conditionnel de produire son effet, si à l'époque de l'événement de la condition l'esclave ne se trouve plus au pouvoir du même maître; Inst. § 32, *de legatis*.

Cette décision est-elle infirmée par le § 2 de la loi 82 Dig. *de legatis*-2°?

Valens décidait que l'on pouvait léguer à l'esclave la chose de son maître, et ce qui était dû purement à ce dernier.

L'explication de ces deux textes des Instituées et du Digeste que nous venons de signaler fait naître un véritable embarras.

L'on a pensé(1) qu'il fallait distinguer l'esclave de l'héritier de l'esclave *alienus*, que la loi 82 précitée n'aurait en vue que l'esclave *alienus*. Pour qu'un legs fait à celui-ci fût valable il n'aurait pas été nécessaire qu'il y eût séparation de patrimoines entre le légataire et le maître, tandis que cette séparation aurait été indispensable quant aux legs fait à l'esclave de l'héritier.

Cette manière de voir qui est ingénieuse ne désarme pas cependant la critique.

Pourquoi ne pas exiger cette séparation de patrimoines à l'égard de l'esclave *alienus*? Est-ce que la dépendance de l'esclave vis-à-vis de son maître n'est pas la même dans les deux cas?

Une autre explication s'est produite. Elle se résume de la manière suivante : La loi 82, § 2 n'est pas de nature à faire échec à la règle catonienne. Si l'on lègue à l'esclave la chose du maître, ce legs aura pour objet l'estimation de la chose. Ce sera *quid diversum* de la chose qui sera l'objet de la disposition.

(1) M. Machelard, *Etude sur la règle catonienne*, p. 32.

Cette opinion nous semble plus que hasardée. L'exécution devient autre que ce qu'elle devait être. C'est un corps certain qui a été légué, et il est remplacé par l'estimation. D'après cela pourquoi ne point valider à l'égard d'un légataire quelconque le legs de sa propre chose, en substituant le prix à la chose, et en rendant le legs exécutable.

Il nous semble, l'on nous permettra cette expression, que le mot de l'énigme se trouve dans le § 244 du comm. 2 de Gaius. La loi 82 précitée doit être rapprochée de ce texte. Nous y découvrons que Servius affirme que le legs fait même purement et simplement à l'esclave de l'héritier est valable si à l'époque de la mort du testateur l'esclave se trouve affranchi ou aliéné, c'est-à-dire s'il peut produire son effet. Cette décision ne prouve pas comme on le prétend généralement que Servius n'admit pas la règle catonienne, seulement cette espèce ne lui paraissait pas constituer un cas d'application de la règle catonienne. Pour la *factio testamenti* il confondait la personne de l'esclave avec celle du maître, mais quant à l'effet du legs il séparait le patrimoine de l'esclave de celui de son maître.

C'est cette même opinion que Valens et Paul consacrent, l. 82 § 2 *de legatis*-2°. Papinien met aussi en relief une semblable théorie, l. 5, Dig. *de servit. legata*.

Suivant ces jurisconsultes l'esclave *alienus* est considéré comme ayant un patrimoine distinct. Comment l'esclave *heredis* ne serait-il pas censé l'avoir?

Ainsi, d'après certains jurisconsultes, le legs fait à l'esclave pourvu qu'il ne s'agit pas de la *factio testamenti*, était réputé adressé à une personne autre que le maître de l'esclave à l'époque de la confection du testament. Cette manière de voir était condamnée par d'autres juristes et par Justinien.

5. La règle catonienne ne gouverne que les legs qui sont

susceptibles de recevoir leur exécution à l'époque de la confection du testament, elle laisse en dehors de ses prévisions ceux dont le *dies cedit ab adita hereditate,* l. 3, *de Reg. Cat.*

C'est pourquoi si un legs est fait à l'esclave qui est affranchi en même temps, le *dies legati* doit seulement *cedere tempore aditæ hereditatis*; sans cela le legs serait illusoire. Puisque l'esclave ne peut recevoir la liberté qu'à l'époque de l'adition de l'hérédité, une acquisition étant faite par lui antérieurement le serait pour le compte de l'héritier.

Le legs fait à l'esclave commun par l'un des maîtres était assimilé au legs adressé à l'esclave *alienus* en ce sens que la disposition valait pour la totalité. Paul *Sent.*, liv. 3, tit. 6, § 4. L'autre maître bénéficiait du legs entier. Cela se conçoit. L'esclave ne pouvait acquérir pour l'héritier, qui était lui-même chargé d'acquitter le legs, et qui ne peut être à la fois créancier et débiteur. L'esclave n'étant pas affranchi n'avait pas l'aptitude pour recueillir lui-même. L'un des maîtres ne peut conférer la liberté qu'avec le consentement de l'autre. Dès lors le legs devait profiter entièrement à celui qui avait avec le testateur un droit commun sur l'esclave.

De là il résulte que le legs pur et simple fait à l'esclave ne serait pas valable si l'un des maîtres instituait l'autre héritier; c'est comme si un legs pur et simple avait été fait à l'esclave dont le maître unique aurait été institué héritier (1).

---

(1) Justinien, dans l'intérêt de la liberté, a cru devoir innover. L'un des maîtres, conférant la liberté à l'esclave commun, celui ci deviendra libre en indemnisant l'autre maître, inst. § 4, *De donationibus*. Le legs dont il est gratifié lui sera dévolu en même temps que la liberté.

Toutefois, si cet esclave commun n'était que l'objet d'un legs et non

Le legs fait à l'esclave qui est lui-même légué *cedit ab adita hereditate*, 1. 69, Dig. *de legatis*. 1° Le légataire de l'esclave ne pouvant en acquérir le *dominium* qu'à l'époque où l'héritier fait adition il s'ensuivrait que le legs fait à l'esclave lui même serait toujours sans valeur. Si le jour devait *cedere tempore mortis*, l'héritier en profiterait puisqu'il recueille tout ce qu'acquiert l'esclave héréditaire.

La règle catonienne n'étant pas applicable aux legs dont le *dies non cedit tempore mortis* est sans effet à l'égard du legs d'usufruit. L'usufruitier n'a un droit véritable que lorsqu'il peut l'exercer, c'est-à-dire à l'époque de l'adition de l'hérédité.

Que le legs de la propriété puisse *cedere* à l'époque du décès du testateur, l'on s'en rend compte parce que le légataire décédant lui-même peut transmettre ce droit à

---

d'une dation de liberté, le legs profiterait à l'autre maître. L'on ne peut dire dans cette circonstance que le legs doit amener la liberté, puisqu'il est possible que l'un des maîtres, en désignant l'esclave comme légataire, ait voulu que l'autre maître recueillît le bénéfice de cette disposition.

Au reste, la constitution de Justinien permet de rendre libre l'esclave, alors même que celui des maîtres qui l'a gratifié de la liberté n'aurait eu qu'une part quelconque dans la propriété de l'esclave (L. 1, § 1, Codice, *de communi servo*, etc.)

Si l'un des maîtres s'était borné à instituer l'esclave héritier sans lui conférer la liberté, l'esclave ne pourrait la réclamer. Celui qui l'a institué est censé avoir voulu transmettre son hérédité à ceux avec lesquels il possédait l'esclave par individis. Aussi le § 1er de la loi 1re Codice *de communi servo*, etc., énonce-t-il que l'un des co-propriétaires a institué l'esclave héritier, alors qu'il désirait le rendre libre, *uno ex his libertatem imponere cupiente*.

Quand l'on admet, sous la législation de Justinien, que par cela qu'un maître unique institue son esclave héritier, il est censé lui attribuer la liberté, c'est parce que, sans le don de la liberté, l'institution serait illusoire ; mais ce motif disparaît quand le testateur n'a qu'une part de l'esclave ; l'hérédité sera recueillie en vertu du testament, par les autres co-propriétaires.

ses successeurs; mais l'usufruitier ne peut rien transmettre; son droit se confond avec la jouissance qu'il retire.

Cependant Labéon pensait que le *dies legati usufructus* devait *cedere tempore mortis testatoris* comme le legs de la propriété, *vatic. fragm.* § 60 ; mais cette opinion combattue a été abandonnée, L. 2, 1. 3 Dig. quando *dies legati* (1)

Il ne faut pas confondre le legs d'usufruit avec celui d'annuités. L. 10, l. 12 *dies quando dies legatorum*.

Le legs d'annuités renferme plusieurs legs, l'un pur et simple et les autres conditionnels, L. 4 et l. 11 Dig. *de annui legatis* (2).

---

(1) Si l'on a légué l'usufruit d'un fonds ou dix en propriété, au choix du légataire, la règle catonienne doit-elle être consultée ?

Ulpien, dans la loi 14, *Princip.* Dig. *Quando dies leg.*, décide que, comme à l'égard du legs de *dix*, le *dies legati cedit tempore mortis testatoris*, qu'à l'égard du legs d'usufruit le *dies cedit tempore aditæ hereditatis*, le choix ne peut avoir lieu qu'après cette dernière époque. En effet, ce n'est qu'alors que l'une ou l'autre chose pourra être demandée. Dans ce même texte, le jurisconsulte, supposant que le légataire est mort avant l'adition de l'hérédité, dit que le legs se réduit aux *dix* et devient transmissible aux successeurs du légataire ; dès-lors, ce legs n'est plus censé avoir été fait sous une alternative, et l'on sera porté à conclure que le legs de dix devra être assujetti aux prescriptions de la règle catonienne.

Cependant tel n'est pas notre sentiment. Le legs de *dix*, en s'attachant aux principes rigoureux du droit, n'est pas conditionnel ; mais que l'on se rappelle l'observation que nous avons présentée à diverses reprises : la règle catonienne *non pertinet ad conditionalia*. Il suffit que le droit soit en suspens à l'époque de la confection du testament, pour qu'il soit dégagé des conséquences de la règle catonienne.

(2) Au contraire, la stipulation qui comprend plusieurs annuités ne constitue qu'une seule créance (Inst. *de verbor oblig.*, § 3). La raison de différence est celle-ci : en faisant un legs, on a en vue exclusivement la personne désignée. C'est pourquoi, le fils de famille étant émancipé pourra profiter du legs qui est multiple, tandis que l'on décidera tout

De là il suit que la règle catonienne devra être consultée au sujet de la première annuité et non pas à l'égard des autres.

En principe comme nous venons de l'indiquer, le legs *in singulos annos* est pur et simple pour la première échéance et conditionnel pour les autres. Cependant ce n'est là qu'une règle générale et non pas absolue. Il est possible que la volonté du testateur ait été de faire un legs pur et simple, et d'échelonner le paiement en diverses années pour donner des facilités à l'héritier. L. 12, § 4, Dig. *quando dies legatorum*.

Toutefois le jurisconsulte fait remarquer qu'il en est ainsi, à moins que la volonté contraire du testateur n'apparaisse d'une manière évidente.

Cette volonté se manifestant de la sorte, alors le legs est unique, et la règle catonienne exercera son autorité pour le tout.

Quand c'est l'usage qui a été légué, il y a plus de motifs qu'à l'égard de l'usufruit pour dire que le *dies legati cedit ab adita hereditate*, car le droit d'usage est encore plus inhérent à la personne. A la différence de l'usufruit, il doit être exercé par celui qui en est investi.

Quoique se distinguant de l'usufruit et de l'usage, l'habitation ressemble à ces droits en ce sens que lorsqu'elle est léguée elle n'est pas assujettie à la règle catonienne, l. 9, Dig. *quando die legatorum*.

L'habitation échappe à la règle catonienne non seulement parce que le *dies legati cedit ab adita hereditate*,

---

autrement si le legs est unique. Conformément à cette idée, l'on dit que l'on stipule tant pour soi que pour ses héritiers, mais l'on ne dit pas que l'on lègue tant pour le bénéficiaire que pour ses héritiers. C'est pour le même motif qu'à l'égard des dispositions testamentaires l'on n'a pas admis l'effet rétroactif de la condition accomplie. Voir ce que nous avons écrit à ce sujet dans la partie du droit français.

mais encore parce qu'elle est censée léguée pour chaque jour, l. 10, Dig. *de capite minutis*. Dans ce texte il est énoncé que l'habitation consiste plutôt *in facto quam in jure*. L'habitation est un fait qui se renouvelle tous les jours. Au moyen de cette interprétation et comme elle est favorable on arrive à décider qu'elle ne se perd pas *non utendo nec per capitis deminutionem*.

CHAPITRE 3.

La règle catonienne n'est pas fausse dans les cas indiqués.

1. Après avoir montré que la règle catonienne était basée sur la raison et que les critiques actuelles dirigées contre elle étaient dénuées de fondement, il n'est pas difficile d'établir que celles qui lui étaient adressées par quelques jurisconsultes romains manquaient de solidité.

Celse dit qu'elle est fausse dans certains cas, l. 1er, princ. Dig. *de regula catoniana*.

Ce jurisconsulte pose d'abord l'espèce suivante. Je lègue à Titius si je meurs après les calendes prochaines.

Le testateur venant à mourir avant les calendes, le légataire ne pouvait rien réclamer puisque la volonté du testateur était que le legs ne devait avoir son effet que tout autant que le décès aurait lieu après les calendes. Si ce décès n'arrivait qu'après les calendes, la règle catonienne aurait rendu le legs inutile, puisqu'en supposant le décès concomittant avec la confection du testament le légataire était sans droit à cette époque. Dans cette dernière hypothèse le legs n'est pas censé conditionnel puisque la condition imposée s'est accomplie *vivo testatore*.

La deuxième espèce citée en forme d'argument est la suivante : Je vous lègue votre fonds si vous l'aliénez pendant ma vie (1). Le legs ne serait pas non plus conditionnel dans l'hypothèse où le légataire aliénait le fonds pendant la vie du testateur, puisque la condition se réaliserait *vivo testatore*.

D'un autre côté si l'on s'en tient à la règle catonienne, le legs ne pourra être un titre pour celui qui est désigné. En effet, si le testateur était mort à l'époque de la confection du testament, le légataire aurait été dépourvu de toute action, la modalité n'étant pas exécutée.

Dans la loi 2 *de regula catoniana* le jurisconsulte Paul, sans avancer que la règle catonienne est sujette à critique se borne à dire qu'elle n'est pas applicable dans l'espèce où le legs a été fait en ces termes : Je lègue à Titius s'il épouse ma fille. Pour la validité du legs il suffit qu'à l'époque du décès le mariage ait été contracté avec cette fille qui était impubère au moment de la confection du testament.

L'on se demande si dans la clause du legs précité il faut ajouter les expressions *vivo testatore*, de sorte qu'il y aurait parfaite harmonie entre cette espèce et les deux précédentes.

---

(1) Le testament renfermait la modalité, *Si vivo testatore alienaveris*. — Arndts, *Contin. de Gluck et Muhlembruch*, t. 16, p. 227. — Si cette condition n'avait pas été insérée, le legs aurait été pur et simple, et Celse n'aurait pu y trouver matière ou prétexte à une critique

M. Accarias, dans son bon ouvrage sur le Droit romain, t. I, p. 905, ne se range pas à cette manière de voir. Il pense que le legs étant pur et simple, les jurisconsultes n'étaient point d'accord sur le point de savoir s'il était défectueux alors que la chose avait été aliénée. C'est ainsi qu'il y avait controverse par rapport au legs pur et simple fait à l'esclave de l'héritier. Inst., § 33, *de Legatis*.

Il nous semble que si l'on rejette la règle catonienne par rapport à l'espèce du legs de la chose du légataire, il n'y a pas de raison pour ne pas la repousser à l'égard de toutes les autres ; c'est, en un mot, supprimer la règle catonienne. Nous avons indiqué le doute qui pouvait s'élever dans le cas où le legs s'adressait à l'esclave de l'héritier. Voir p. 28.

Il nous paraît peu important de faire cette addition ; en effet, que le testateur ait assigné sa vie pour la limite après laquelle le mariage ne pourrait pas être contracté, ou qu'il ne l'ait pas assignée, si en fait le mariage est contracté *vivo testatore*, le legs n'est pas réputé conditionnel. Dès lors se présente la question de savoir si la règle catonienne est applicable. Paul se plaçant dans cette hypothèse répond négativement, et il ne s'associe pas à Celse pour dire que cette règle est dans ce cas fautive.

C'est la censure de Celse qui nous paraît défectueuse pour les motifs suivants.

2. La règle catonienne n'a pas trait aux dispositions accompagnées de modalités qui tiennent le droit en suspens au moment de la confection du testament. Envisager le droit du légataire à cet instant ce serait l'annihiler.

De même que le legs conditionnel n'est pas soumis à la règle catonienne, de même en est exempt celui auquel se rattache une condition qui ne peut avoir d'effet qu'après la confection du testament quoique du vivant du testateur. Pourquoi le legs conditionnel n'est-il pas sous l'influence de la règle catonienne? C'est parce qu'il serait absurde de vouloir l'accomplissement actuel d'un événement qui est dans l'avenir ; or quand la modalité quoique de nature à s'accomplir du vivant du testateur ne peut cependant s'accomplir qu'après la confection du testament, ne serait-il pas également choquant d'imposer cet accomplissement à l'époque du testament ?

Porter les exigences jusque là ce serait empêcher le testateur de faire des dispositions auxquelles seraient jointes des modalités susceptibles d'accomplissement après la confection de testament. L'on gênerait la liberté des testateurs, et cela arbitrairement. Quand l'événement auquel est subordonnée la disposition vient à s'accomplir du vivant du testateur, nous comprenons que le *dies legati cedat* à la mort de ce dernier, puisqu'en ce moment là le légataire a un droit qui n'est plus incertain, mais il ne résulte pas de là que pour savoir si le légataire est apte à recueillir le bénéfice de la disposition, il faille se reporter à l'époque de la confection du testament, c'est-à-dire à un temps où la condition n'était pas réalisée.

La théorie du *dies legati cedit* est toute autre que celle de la règle catonienne. Elle a été établie pour empêcher que le retard qu'apportait l'héritier à son acceptation ne fût préjudiciable au légataire. C'est pourquoi à l'égard du *dies legati cedit* on ne pouvait se référer à une époque antérieure au décès du testateur. La règle catonienne avait pour effet de fixer l'époque à laquelle le légataire devait avoir l'aptitude pour être gratifié. C'était le temps de la confection du testament que l'on considérait, pourvu qu'à l'époque où le testament intervenait le legs ne fût pas affecté d'une condition réalisable soit avant soit après la mort du disposant.

3. Bien distinct de la condition, le terme n'empêche pas que l'*initium* soit concomittant de la confection du testament, cela est tellement vrai que si le légataire prédécédait avant l'échéance du terme, il transmettrait son droit à ses héritiers. Le légataire n'entrera en jouissance qu'à l'échéance du terme, mais dans cette espèce différente de celle où un usufruit a été légué, le droit ne se confond pas avec la jouissance.

Il ne faut pas non plus assimiler le legs à terme avec le legs auquel est attaché une condition qui se réalise du vivant du testateur. A l'époque de la confection du testament le légataire à terme a un droit aussi bien établi que s'il était légataire pur et simple; il n'est pas aussi complet mais il est aussi certain. Dès lors la règle catonienne s'étend sur ce legs comme sur le legs pur et simple.

On le voit et nous ne saurions trop le faire remarquer

la règle catonienne ne sévit pas contre les legs qu'une modalité tient en suspens. Dans le nombre de ces modalités il ne faut pas faire rentrer la condition qui est inhérente à la nature du legs, ainsi je lègue à Primus ce que Secundus me doit sous condition, ce legs n'est pas réputé conditionnel, car ma volonté ne l'a pas rendu conditionnel, et en outre la disposition comprend un objet qui a une certaine valeur (1). La créance qui a été léguée représente une certaine estimation. Il en est autrement lorsque l'on a légué à un tiers qui n'est pas encore débiteur ce qu'il pourrait devoir postérieurement. Le legs n'a pas encore d'objet (2).

4. Les questions de disponibilité et de réserve présupposent l'époque de la mort du testateur; par conséquent elles ne peuvent être jugées au moyen de la règle catonienne.

D'après la loi Falcidie, le quart du patrimoine doit être laissé à celui qui est institué héritier, l. 1, princip. Dig. ad. *Legem falcidiam*. Les legs qui ont été faits ne sont atteints d'aucun vice, car le testateur et les légataires avaient l'aptitude de donner et de recevoir à l'époque où le testament était confectionné. Seulement la quotité des biens sera fixée à l'époque de la mort. Le législateur dispose formellement que la qualité des legs sera déterminée au jour du décès. Il fait ce que le testateur aurait pu faire lui même. Est-ce que le testateur n'aurait pas pu déclarer qu'il faisait un legs dont le *quantum* serait évalué plus tard c'est-à-dire au jour de sa mort. C'est ainsi qu'il est loisible d'effectuer un legs partiaire, un legs d'une quote part de l'hérédité ; or, ce n'est qu'au décès

---

(1) Gaïus (l. 107, Dig. *de Condit. et Demonst.*) déclare qu'un legs est pur et simple lorsqu'il est imposé purement et simplement à un héritier institué sous condition.

(2) Voir ce que nous avons écrit à ce sujet, alors que nous nous occupions du *Legatum debiti*.

du disposant que les forces de l'hérédité sont appréciées.

C'est encore à la mort du testateur que l'on examine si les legs doivent être réduits pour parfaire la légitime, Inst. § 3 *de inoff. test.* Ce n'est qu'alors qu'est dévolu le droit à la légitime, par conséquent ce n'est pas antérieurement que l'on peut savoir si les legs seront soldés intégralement.

Chapitre 4.

Justinien n'a pas supprimé la règle catonienne.

1. Puisqu'elle est dictée par la raison, Justinien n'est pas censé avoir eu en vue de la repousser. Le silence même qu'il aurait gardé ne devrait pas être envisagée comme proscription. Difficilement on admet qu'un législateur ait voulu ce qui est illogique et arbitraire.

Si Justinien avait eu une telle pensée il l'aurait manifestée (1), aussi mentionne-t-il dans ses Institutes les innovations importantes qu'il croit devoir faire; c'est ainsi qu'il annonce supprimer la règle qui empêchait de léguer aux personnes incertaines, au posthume étranger, et *post mortem heredis aut legatarii.*

D'ailleurs, Justinien connaissait la controverse qui s'était élevée par rapport à la règle catonienne quand un legs est adressée à l'esclave de l'héritier. Gaius rappelle les diverses opinions qui s'étaient produites, Justinien opte pour celle des Sabiniens, cest-à-dire pour l'application de la règle catoniene dans cette espèce (2). Il est vrai que

---

(1) Tel est le sentiment de M. Mittermaier, *Archives pour la pratique civile*, l. 14, p. 308 ; Vangerow, t. II. p. 525 ; Machelard, p. 52.

(2) Pour soutenir que Justinien s'est proposé de maintenir la règle catonienne, l'on avancerait, mal à propos, qu'il a inséré au Digeste un

— 40 —

d'autres jurisconsultes ne voyaient pas dans cette espèce une question de règle catonienne; mais Justinien s'est prononcé pour le sentiment de ceux qui étaient d'un avis contraire (1).

2. Au lieu d'abroger la règle catonienne Justinien lui a donné de l'extension. Antérieurement à cet empereur elle n'avait trait, comme nous l'avons vu, qu'au légataire. L'héritier étant institué *per mancipationem*, l'on devait se préoccuper du temps de la confection du testament. Il est vrai que plus tard à l'époque notamment de Gaius, le *familiæ emptor* n'intervenait que pour la forme, il n'y avait pas une véritable mancipation, mais l'apparence d'une mancipation. Dans les formalités prescrites par Justinien pour la confection du testament, il ne se rencontre plus aucune trace de mancipation; dès lors l'on ne doit pas s'attacher à l'idée de la mancipation et en tirer des conséquences. Comme le principe de la règle catonienne est fondé en raison, nous l'appliquerons non-seulement aux legs, mais encore aux institutions d'héritier (2) et nous dirons que le legs et l'institution d'héritier qui n'auraient pas été inutiles si le testateur était mort à l'époque de la confection du testament, ne deviendront pas efficaces parce que le testateur aura survécu. Nous avons déjà prévenu que la règle catonienne qui s'appliquait au legs aurait dû recevoir son application alors qu'elle n'aurait pas été décrétée; de même nous dirons que cette règle ou

titre avec l'épigraphe *de regula catoniana*. Cette insertion ne prouve rien. L'on sait que Justinien a voulu dans son Recueil accorder une place au droit ancien, pour indiquer l'origine du droit nouveau et faciliter son intelligence.

(1) Voir à cet égard nos observations, p. 28.

(2) Telle est aussi la manière de voir de M. Mittermaier (*Archives pour la pratique civile*, t. IX, p. 314).

bien si l'on veut, le principe qu'elle consacre doit être appliqué par rapport aux institutions d'héritier.

Puisque la règle catonienne ne s'étendait pas aux legs conditionnels, il est évident qu'elle n'embrassera pas les institutions conditionnelles.

Il a été signalé à diverses reprises que la règle catonienne n'avait point rapport aux legs atteints d'un vice radical, nous devons faire la même observation à l'égard des institutions qui seraient également répréhensibles ; ainsi l'héritier n'a pas la *factio testamenti*, peu importe qu'il ait été institué conditionnellement, à l'instant même l'institution est condamnée par la loi, sans préoccupation du temps à venir.

Nous avons parcouru les divisions que nous avions tracées. La règle catonienne n'a pas été envisagée sous toutes ses faces, mais principalement au point de vue de sa raison d'être. Le champ quoique circonscrit se prêtait à des recherches. Nous allons les continuer dans le domaine du droit français. Notre travail démontrera, nous l'espérons, que l'étude du droit français est facilitée par celle de droit romain. L'on comprendra qu'il n'est pas possible de s'occuper en droit français des cas d'application de la règle catonienne, si l'on ignore la signification qu'elle avait et l'interprétation qui lui était donnée à Rome.

IIᵉ PARTIE.

DROIT FRANÇAIS.

Les commentateurs du droit français, à la différence de ceux qui ont écrit sur le droit romain, n'ont guère fait de la règle catonienne l'objet de leurs méditations. Ils ont présenté des aperçus et non une vue d'ensemble ; ils ont plus tôt effleuré le sujet qu'ils ne l'ont traité. Ils ont décidé et peu discuté. Sans contester leur mérite l'on peut avancer qu'à cet égard ils ont laissé à faire après eux.

Cependant ils n'ont pas encouru tous les reproches qu'on leur adresse. On les accuse d'avoir méconnu le caractère de la règle catonienne, et d'avoir arbitrairement fait rentrer dans son domaine les institutions d'héritier.

Nous avons signalé (1) que quelques juristes avaient fait cette méprise dans la définition de la règle catonienne telle qu'elle était primitivement; mais nous avons été d'avis que depuis Justinien elle avait reçu une extension qui enveloppait les institutions d'héritier ; or il faut reconnaître que les auteurs de droit français en mentionnant la règle catonienne ont eu en vue le droit de Justinien, celui qui était passé dans la pratique. D'ailleurs dans l'ancienne jurisprudence française les formalités du testament n'étaient pas et ne rappelaient pas la mancipation usitée à Rome. L'idée d'un contrat ayant disparu, le motif qui avait restreint la règle catonienne devait disparaître en même temps Si le testament ne revêt pas la forme d'un contrat, il est bien difficile de comprendre que les institutions d'héritier n'aient pas été assimilées aux legs en ce qui concerne la règle catonienne.

Pourquoi les auteurs de droit français ont-ils été si réservés par rapport à la règle catonienne ? D'où vient cette lacune que présentent leurs écrits ? L'on peut dire que ceux qui l'ont admise ont pensé que les commentaires de droit romain étant explicites et détaillés par rapport à elle, ils n'avaient besoin de rien ajouter. Les autres s'imaginant que la règle catonienne n'était qu'une argutie, et prenant en considération le silence gardé par les anciennes et nouvelles lois françaises se sont persuadés qu'elle était abrogée.

(1) Voir p. 7.

Aux premiers nous répondrons que s'il n'était pas nécessaire de faire une nouvelle revue des espèces décrites par les jurisconsultes romains, il était utile d'établir que la règle catonienne, reposant sur la raison, les réticences des lois françaises n'étaient pas une abrogation.

Aux autres, nous ferons observer, qu'au lieu de mettre en avant des assertions et des reproches de subtilité, ils auraient mieux fait de rechercher la source de la règle catonienne, de prononcer après l'avoir découverte et analysée. Alors leur opinion aurait eu une valeur qui lui manque nécessairement.

Ce travail reste à faire, nous allons l'entreprendre. Nous aurons à vaincre bien des préjugés en droit français. Toutefois, si la règle catonienne a été inspirée par la raison, comme nous croyons l'avoir établi dans la partie du droit romain (1), elle doit renverser tous les obstacles. Le temps qui les a accumulés, ne peut empêcher son triomphe. Une vérité est toujours telle, quoiqu'elle ait été obscurcie; elle finit par dissiper les nuages qui l'environnent.

Si l'idée que l'on s'est formée de la règle catonienne est erronée, il n'est jamais trop tard pour la rectifier. Il ne peut y avoir de parti pris à cet égard.

Notre intention est, après avoir jeté un coup d'œil sur l'ancien droit français, d'examiner attentivement le droit actuel.

Dans les pays de droit écrit, l'on acceptait la règle catonienne. Loin de nier son existence, on lui accordait l'extension qu'elle paraît avoir obtenue depuis Justinien. En conséquence, les institutions d'héritier étaient soumises à son empire. Seulement on allait trop loin en prétendant que la *factio testamenti* était requise à l'époque

(1) Voir p. 9.

de la formation de l'acte à cause des exigences de la règle catonienne. Nous nous contenterons de rappeler qu'à présent, il n'est plus contesté que la *factio testamenti* ne soit étrangère à la règle catonienne ; c'est ainsi que tout vice radical entraîne la nullité de la disposition sans l'intermédiaire de la règle catonienne (1).

Tandis que, dans les pays de droit écrit, l'on exagérait l'importance de la règle catonienne, dans les pays de coutumes, l'on se demandait si cette règle catonienne était en vigueur. La question était débattue. Ceux qui soutenaient la négative (2) faisaient valoir les motifs suivants : les jurisconsultes romains, s'efforçaient de restreindre la règle Catonienne ; ils ne l'appliquaient pas au droit nouveau ; or, la jurisprudence française constitue un droit plus récent que ne l'était le nouveau droit romain. La personne du légataire doit seulement être considérée à l'époque où le testament devient parfait, c'est-à-dire au moment où la disposition vient à l'échéance. Le testateur n'a eu vue que le temps de sa mort ou de l'événement de la condition. Si le légataire était incapable dès le principe, le testateur a prévu qu'il pourrait acquérir la capacité alors que le testament viendrait à exécution, par conséquent le legs n'a son commencement ou du moins sa perfection à l'égard du légataire que lorsqu'il produit son

---

(1) Furgole (*Traité des testaments*, chap. VI, n° 11), enseigne que la règle catonienne est applicable aux institutions d'héritier ; mais il se méprend quand il argumente de la loi 62, Dig. *de heredibus instituendis*, pour soutenir que la capacité de l'héritier n'est pas exigée à l'époque de la confection du testament, lorsque l'institution est conditionnelle. Ce texte n'a trait qu'au cas où l'héritier ne peut *capere* et non pas au cas où il est incapable, ce qui est bien différent.

(2) Ferrière (*Coutume de Paris* ; tit. 14, *Des testaments*, art. 292, n° 74), déclare que la solution à donner présente de la difficulté à cause des principes du droit romain.

effet; *non enim videntur data quœ eo tempore quo dantur accipientis non fiunt,* Dig. *de regulis juris,* 1. 167 (1).

Remarquons que les lois nouvelles exemptées de la règle catonienne étaient les lois Julia Papia et Norbana. A l'égard des célibataires, des mariés sans enfants et des latins juniens le *jus capiendi* n'était pas exigé à l'époque de la confection du testament, mais seulement à l'époque de la mort du testateur. D'où il suit, que par rapport à eux l'on n'a pas à s'enquérir de la règle catonienne.

Le droit du légataire commence à l'époque ou il est possible qu'il soit ramené à exécution, et par conséquent il faut se préoccuper de ce moment pour savoir si l'acte est régulier. Le testateur, en disposant pour l'époque de sa mort doit savoir que cette mort peut avoir lieu de suite et qu'une disposition pure et simple ne peut être transformée en une disposition conditionnelle. La loi 167 *de regulis juris* ne rentre nullement dans la question, puisqu'elle porte que celui qui a promis de transférer la propriété, n'a point rempli son obligation par cela seul qu'il a livré la chose alors qu'il ne pouvait en disposer.

Après cet aperçu sur l'ancien droit, abordons la législation actuelle.

Nous suivrons les divisions tracées dans la partie du droit romain, et nous aurons le soin de signaler que non seulement le droit français se rapproche du droit romain mais encore qu'il se confond presque avec lui.

---

(1) Ces considérations sont présentées par Ricard (*Traité des donations,* 1re partie, chap. III, sect. 18, n° 829 et 830) ; Bacquet, *Traité du droit d'aubaine,* chap. XXVI, n° 20) Elles sont reproduites par les auteurs qui partagent la manière de voir de ces jurisconsultes, notamment par Merlin (Répert. v° *Légataire,* sect. 3e, n° 1.

Chapitre Premier.

La règle catonienne est fondée sur la raison.

Nous avons tâché d'établir dans la partie du droit romain que la règle catonienne avait pour base la raison (1). Tel a été notre point de vue principal, tel a été le pivot autour duquel ont roulé tous nos efforts.

De même qu'antérieurement à Caton, la règle qui porte son nom devait être en vigueur, de même elle continue de l'être à présent.

1. En France comme à Rome, le testament est réputé une loi qui déroge à celle des successions *ab intestat*; or, quand le législateur formule sa volonté, il n'est pas nécessaire que ceux qu'elle concerne, fournissent leur acceptation; par conséquent la disposition afférente au légataire ne sera pas moins régulière quoiqu'il ne soit pas intervenu dans l'acte; or, le testateur qui est législateur et qui dispose actuellement, ne le peut qu'en faveur de ceux qui sont aptes à recueillir les legs (2).

2. Quoique le légataire ignore l'avantage qui lui est conféré, cela n'empêche pas qu'il soit véritablement gratifié. L'on peut être investi d'un droit à son insu. Sans doute l'on ne profite pas d'un droit malgré soi, il est permis de le répudier, ce qui n'empêche pas qu'il ne soit

---

(1) Voir p. 9.

(2) Nous n'entendons pas discuter la question de savoir si la succession *ab intestat* est déférée en considération de la volonté du décédé, si, en un mot, l'héritier *ab intestat* est réputé institué tacitement. Ceux qui se rangent à ce sentiment devront dire que l'aptitude de l'héritier n'est exigée qu'à l'époque de la mort de celui qui n'a point relaté dans un acte ses dernières dispositions, parce que ce n'est qu'alors qu'il est censé les arrêter définitivement. La volonté tacite n'est rien si elle ne dure pas.

dévolu à celui qui l'ignore; ainsi, en droit romain et en droit français, un légataire ne sait pas qu'il a été l'objet de la bienveillance du testateur, il meurt sans s'en douter, il transmettra son droit à ses héritiers qui auront à leur tour la faculté de le recueillir ou de l'abandonner; ainsi encore en droit français un testateur qui ne laisse pas de parents réservataires, institue un légataire universel, celui-ci a la saisine à l'instant de la mort du testateur. Cette investiture a lieu sans manifestation de volonté, et elle opère jusqu'à ce qu'il y ait répudiation; en un mot, il faut se prononcer pour renoncer à la saisine et non pour l'avoir.

3. Parce que le testateur peut révoquer sa disposition, cela n'empêche pas qu'en léguant purement et simplement, il n'entende conférer et qu'il ne confère un avantage actuel. La révocabilité de la disposition n'est pas incompatible avec la translation d'un droit ou d'une chance. C'est ainsi qu'il est généralement reconnu qu'une donation entre époux étant intervenue, la révocabilité de la donation ne fait pas obstacle à ce que le donataire ne soit investi d'un droit (1). De même les donations faites aux futurs époux par contrat de mariage ne peuvent-elles pas être subordonnées à la volonté du disposant (art. 1086)? La faculté de rétracter la libéralité empêche-t-elle celle-ci d'exister? L'avantage de cette donation même révocable détermine quelquefois le mariage, ou du moins le rend plus facile (2).

---

(1) Ces observations trouvent leur complément dans celles que nous avons présentées dans la partie du droit romain. Voir p. 62.

(2) Quoique cette donation soit révocable, est-ce que la capacité du donataire ne serait pas requise à l'époque où l'acte est passé? Dès-lors, il ne faut pas s'étonner qu'il en soit ainsi par rapport au legs. Si la capacité est exigée, c'est parce qu'un droit est cédé. Nous faisons le même raisonnement par rapport au légataire qui doit avoir l'aptitude au moment de la confection du testament.

Le testament attribue tellement un avantage que le testateur est réputé vouloir le maintenir ; si l'on opposait un changement de volonté, dans le doute, on ne l'admettrait pas. Le testateur est censé persister, car il a bien réfléchi lorsqu'il rédigeait l'acte de ses volontés dernières.

4. Le testateur doit avoir l'aptitude au moment où il dispose parce qu'il attribue un droit ; dès lors, par voie de conséquence, il faut qu'il se trouve une personne qui puisse en être l'objet. Il n'y a don que tout autant qu'il y a donateur et donataire.

Que l'on n'allègue pas que la volonté du testateur sera censée persister jusqu'à l'époque de sa mort, que c'est alors que la disposition est définitive et que c'est à cet instant qu'elle investit le bénéficiaire. — La réponse est que l'on confond deux ordres d'idées bien distincts, la disposition et son exécution. Le legs est subordonné à la volonté du testateur, jusques là le légataire ne peut s'en prévaloir (1). A la mort du testateur il s'affermit et devient irrévocable, mais antérieurement il existe quoique sujet au changement de la volonté de la part du testateur. Il est tellement vrai que c'est à l'époque de la confection du testament que l'on doit se reporter, que si le testateur perd ensuite l'usage de ses facultés intellectuelles, et ne l'a pas recouvré quand il décède, la disposition sera également efficace.

5. Le legs quoique conditionnel crée aussi un droit moins certain que celui du legs pur et simple, mais néanmoins appréciable. Ce n'est pas en effet la valeur du droit qui constitue le droit. Dès lors, le légataire conditionnel qui est privé de ses droits civils à l'époque de la

---

(1) Sauf des cas tout-à-fait exceptionnels que nous mentionnerons ensuite.

confection du testament ne pourra point bénéficier quoiqu'il ait ensuite recouvré son état primitif (1).

Un droit est-il déféré à celui qui est légataire, soit pur et simple, soit conditionnel. Dans l'un et l'autre cas, il doit posséder l'aptitude générale qui est requise pour l'investiture d'un droit. La règle catonienne n'a pas en vue cette aptitude générale, mais seulement l'aptitude spéciale qui permet de ramener à exécution la libéralité. Cette régle catonienne déclare que le legs est valable quand le bénéficiaire en profiterait si le testateur décédait au moment où il dispose; or, il est évident qu'une loi ainsi conçue ne peut avoir trait qu'aux libéralités pures et simples à l'exclusion de celles qui sont conditionnelles (2). — De ce que la règle catonienne ne fait pas le legs conditionnel l'objet de ses prescriptions, l'on aurait tort de conclure qu'au moment où il est effectué, le legs conditionnel n'est pas attributif d'un droit. En rédigeant sa formule,

---

(1) Ulpien, dans la loi 42, Dig. *de obligat. et actionibus*, dit : *Is cui sub conditione legatum est, pendente conditione non est creditor, sed tunc cum extiterit conditio.* Ce texte comprend même le temps qui s'écoule depuis la mort du testateur jusqu'à l'avènement de la condition. Cependant, il est incontestable que surtout, dans cette période, le légataire a un droit; les héritiers du testateur ne peuvent le lui enlever. Il n'est pas créancier de la chose, mais il a une expectative qui est un avantage. Si la condition se réalise, alors il devient créancier ; mais si elle s'accomplit après son propre décès, il ne transmet rien à ses successeurs, parce que la condition accomplie n'a pas d'effet rétroactif à l'égard des dispositions testamentaires. Il en est autrement par rapport aux stipulations.

Pourquoi la condition ne rétroagit-elle pas en ce qui concerne les dispositions de dernière volonté ? Il nous paraît que c'est parce que l'on se conforme à la volonté du testateur ; celui-ci a voulu que sa libéralité profitât à la personne qu'il désignait et non pas à ses héritiers. Or, l'effet rétroactif de la condition attribuerait l'émolument aux héritiers, alors que le légataire est décédé et qu'il n'en a jamais joui lui-même.

(2) Voir la partie du droit romain, p. 14.

Caton ne s'est point proposé d'y faire rentrer tous les legs qui conféraient des droits, mais seulement les legs qui étaient susceptibles d'être ramenés à exécution, en supposant que le testateur cessât de vivre immédiatement après avoir rédigé ses dernières dispositions.

6. Le légataire est investi d'un droit même du vivant du testateur; mais il ne peut être exercé qu'après la mort de ce dernier, il est destiné à n'être connu qu'à cette époque ; jusques-là, il est réputé lettre close. Cela n'empêche pas l'existence du droit à l'égard d'un individu, car il est de principe comme nous l'avons déjà fait remarquer, qu'un droit peut appartenir à celui qui l'ignore.

De cette doctrine, il découle que pendant la vie du testateur le légataire ne pourrait faire aucun acte conservatoire. Personne n'est plus intéressé que le testateur à veiller à ce que le testament produise son effet. Désire-t-il, au contraire, qu'il n'ait pas de résultat, il est maître absolu sous ce rapport; le droit de révocation ne saurait lui être contesté.

Cependant le dol et la fraude font exception à toutes les règles. Quand le testateur a perdu la raison et que son état a motivé une interdiction, si ceux qui administrent son patrimoine prenaient des mesures pour rendre le testament inefficace, le légataire pourrait alors intervenir pour déjouer de telles manœuvres. Il en serait de même si une interdiction n'avait pas été poursuivie, et que les parents mettant à profit la démence dans laquelle serait tombé le testateur employaient des moyens pour rendre ses dispositions illusoires.

Que l'on n'objecte pas que le contenu du testament étant ignoré, il est difficile qu'une personne prenne le titre de légataire et agisse en cette qualité. — Il peut, se présenter des circonstances dans lesquelles une personne est informée des dispositions faites à son adresse. Il est possible que le testateur ait remis à elle-même l'acte de ses dernières volontés. Il est encore possible qu'il lui ait fait connaître le détenteur du titre ou le lieu où il l'avait placé.

Il est évident, que les tribunaux ne prêteront pas l'oreille au premier venu qui, sans fournir des indications précises, s'arrogera la qualification de légataire et tentera de s'immiscer dans l'administration d'un patrimoine auquel il est étranger (1).

7. Malgré les raisonnements et les considérations qui recommandent la règle catonienne, la plupart des commentateurs s'accordent pour l'exclure de notre code. C'est

---

(1) Un arrêt de la cour d'Angers, en date du 29 mars 1838, a permis à un légataire particulier de former tierce opposition au jugement qui, homologuant la délibération du conseil de famille, avait autorisé la vente des objets compris dans le legs. Dalloz, *Jurisp. génér.* v° *Tierce opposition*, n° 173, et v° *Dispositions entre-vifs*, n° 217.

Le testament avait été fait alors que le disposant jouissait de la plénitude de sa raison; mais postérieurement au testament il avait dû être interdit. La vente des objets annihilait le legs. La cour en permettant au légataire d'user de la tierce opposition reconnaît par cela même que le légataire a un droit du vivant du testateur ; car l'on ne peut recourir à la voie de la tierce opposition que tout autant qu'un droit a été lésé.

Sans doute, le droit du légataire n'est pas irrévocable, mais il consiste en ce qu'il ne peut être révoqué que par le testateur. Si celui-ci vient à être frappé d'interdiction, le tuteur et le conseil de famille ne le représentent pas à cet égard.

Quand, plus tard, le testateur recouvre ses facultés intellectuelles et que l'interdiction est levée, l'expectative du légataire constitue toujours un droit. Seulement il ne peut alors user de mesures conservatoires. Des tiers voudraient-ils détruire l'effet du testament, celui qui en est l'auteur serait à même d'arrêter ces tentatives et de déjouer ces fraudes.

En résumé, le légataire est nanti d'un droit du vivant du testateur, ce droit est révocable. Parce qu'en fait il ne peut quelquefois être révoqué, il ne s'ensuit pas qu'il ne soit essentiellement révocable ; aussi le testateur interdit reprenant l'usage de ses facultés intellectuelles sera maître de révoquer. Le droit du légataire ne change pas de nature du vivant du testateur.

une sorte de ligue qu'ils ont formée contre elle (1). Les motifs que l'on faisait valoir pour la repousser des pays coutumiers, ils les corroborent au moyen de l'art. 906 disposant qu'il suffit que le légataire soit conçu à l'époque du décès du testateur ; or ajoutent-ils, la plus grande incapacité que l'on puisse imaginer est la non-existence.

Il faut d'abord remarquer que cet argument prouverait trop, et que par conséquent il ne prouve rien. Il aurait

(1) Voir les divers auteurs modernes cités dans le *Recueil périodique* (Dalloz, année 1848, 1re partie, p. 225).

M. Delvincourt, t. II, p. 200, s'efforçant d'éliminer de notre droit la règle catonienne, s'attache à cette idée que dans notre législation où tout doit se traiter *ex œquo et bono*, l'on présumera que la disposition au profit de l'incapable a été faite sous la condition qu'il sera capable au moment du décès du disposant.

Nous répondons qu'à Rome une pareille condition n'aurait pas été sous-entendue, et cependent les Romains favorisaient les testaments autant que nous. Ils disaient : *Plenius interpretandæ sunt voluntates defunctorum*. Il en fut surtout ainsi à l'époque de Justinien qui assimila les legs aux fidéicommis et qui par là recommandait que l'on recherchât avec soin la volonté du testateur (Instit., § 2, *de legatis*). Mais il n'allait pas jusqu'à permettre que l'on rendît conditionnelle une disposition pure et simple, c'est-à-dire que l'on prononçât à l'encontre du testament.

A l'exemple de M. Delvincourt, M. Troplong (*Traité des donations et testaments*, t. II, n° 436), tâche de combattre la règle catonienne. Il dit que dans toutes les affaires il faut considerer l'époque de l'acquisition, et qu'il ne saurait en être autrement pour les testaments, que le testament est fait sous la condition tacite que le disposant persistera jusqu'à sa mort, que ce n'est que lorsqu'il y a persistance et décès de la personne qui veut gratifier que la valeur et l'effet est donné au testament.

Nous ne disconvenons pas que dans toutes les affaires il ne faille se référer au temps de l'acquisition du droit ; nous ne contestons pas ce principe, nous l'appliquons au testament, et nous soutenons qu'au moment de sa confection un droit advient au légataire. Sans doute, le testateur peut détruire l'acte de ses dernières volontés, mais s'il ne le détruit pas le légataire le ramène à exécution, parce que antérieurement au décès il a été investi. La libéralité doit son origine non au silence gardé par le testateur, mais bien au testament.

pour effet d'établir que le légataire n'a pas besoin d'avoir la *factio testamenti* à l'époque de la confection du testament. L'on sait que la règle catonienne se préoccupe seulement des vices relatifs et non des vices absolus.

En considérant de près l'art. 906, l'on ne tarde pas à s'apercevoir qu'il n'a pas la portée qu'on veut lui donner. Il tire son origine du droit romain. Personne n'ignore qu'à Rome, l'héritier et le légataire devaient avoir la *factio testamenti* au moment où le testateur disposait. Cependant, en ce qui concernait l'existence ou la conception du légataire, l'on avait admis qu'il suffisait qu'elle se rencontrât à l'époque du décès du testateur, inst. § 28, *de legatis*. — Voici par quelle voie l'on était arrivé à cette doctrine.

Les romains étaient très-désireux de maintenir les testaments. Pour en assurer l'efficacité ils avaient admis que le posthume sien pourrait être exhérédé de sorte que la naissance de ce posthume ne compromettait pas le sort du testament. Mais en permettant d'exhéréder par anticipation le posthume l'on devait permettre de l'instituer. S'il est censé exister quand il s'agit de le dépouiller; comment ne serait-il pas censé exister quand il s'agit de l'investir. En autorisant l'institution du posthume sien l'on devait être amené et on fut amené à autoriser celle du posthume étranger.

Cette faculté d'instituer le posthume passa dans l'ordonnance de 1735, elle fut consacrée par l'art. 49 qui s'exprime ainsi : « L'institution d'héritier faite par testament ne pourra valoir en aucun cas, si celui ou ceux au profit desquels elle aura été faite n'étaient ni nés, ni conçus au décès du testateur. »

De même qu'en droit romain, la mesure exceptionnelle dont le posthume était l'objet n'empêchait pas qu'en principe la *factio testamenti* ne fût requise à l'égard de l'héritier, de même elle était exigée dans le droit édicté par l'ordonnance (1).

De là, il s'évince que la disposition introduite dans notre Code, ne doit avoir que le sens qu'elle avait autrefois (2).

---

(1) Furgole (*Traité des testaments,* chap. VI, n° 19) déclare que l'ordonnance n'a dérogé ni au droit romain, ni aux principes du droit français qui exige la capacité à l'époque de la confection du testament.

(2) Un arrêt de la Cour de cass., en date du 27 nov. 1848, rapporté par Dalloz (*Recueil périodique,* année 1848, 1re partie, p. 225), a décidé que la capacité pour recevoir doit exister au moment de la confection du testament.
Cet auteur, dans une note étendue, estime que l'intention des rédacteurs de notre Code a été de maintenir la règle catonienne ; toutefois, il ajoute que si la loi était à refaire il y aurait peut-être de graves motifs pour statuer autrement. Nous ne partageons pas cet avis. L'intention des rédacteurs du Code civil n'apparaissant pas, nous soutiendrions que la règle catonienne doit être exécutée parce qu'elle découle de la raison. Pour qu'elle soit appliquée, il n'est pas nécessaire que le législateur le déclare; mais il faudrait qu'il s'exprimât formellement pour qu'elle ne le fût pas ; ce serait alors, ainsi que nous avons eu occasion de l'énoncer précédemment, un abus d'autorité ; et certainement, le législateur lui-même ne manquerait pas de le faire cesser, parce qu'il faut que la raison reprenne le dessus.
Dans l'espèce de l'arrêt de la Cour de Cassation, il s'agissait d'un legs universel adressé au tuteur. Le testament avait été fait avant la reddition des comptes. L'ancien pupille, qui avait disposé de la sorte après avoir atteint la majorité, était décédé après la reddition des comptes.
On le voit, c'était une disposition comprenant l'*universum jus* qui avait été faite.
Nous l'avons déjà dit, la règle catonienne n'avait pas primitivement rapport aux institutions d'héritier, Justinien lui aurait donné cette extension ; par conséquent, en exprimant que la règle catonienne se réfère aux institutions d'héritier, M. Dalloz fait allusion plutôt à son esprit qu'à son texte originaire.
Comme dans l'espèce il s'agissait d'un obstacle non absolu, mais relatif, qui aurait contrarié la disposition, M. Dalloz a pu avancer que c'était un cas de règle catonienne.
M. Demolombe (*Traité des donations,* t. I, n° 715), qui soutient que

7. Puisque la règle Catonienne a sa source dans la raison, le testateur ne pourrait pas plus y déroger en droit français qu'en droit romain (1). Ce serait là une clause réputée non écrite. Ce cas ressemblerait à celui où une condition impossible aurait été insérée. La condition étant effacée, le legs est apprécié tel qu'il se trouve avec ses avantages et ses défectuosités; par conséquent il serait placé sous l'empire de la règle catonienne. La condition impossible qui est retranchée ne rend pas efficace un legs qui, abstraction d'elle, ne l'aurait pas été. Une irrégularité que l'on pardonne n'a pas l'effet d'excuser toutes les autres qui sont d'une nature différente.

Afin de sauvegarder ce legs, ne pourrait-on pas dire qu'il est conditionnel et raisonner de la manière suivante? Pour qu'un legs soit conditionnel, il faut considérer l'intention du disposant; or, elle se décèle dans cette circonstance. Le testateur, ayant voulu soustraire ce legs aux conséquences de la règle catonienne, a, par cela même, fait entendre qu'il serait conditionnel. Il n'y a pas de formule sacramentelle pour désigner la condition.

---

la capacité du légataire n'est pas requise à l'époque de la confection du testament, pense que l'arrêt de la Cour suprême ne contrarie pas sa doctrine, que toutefois l'un des motifs de l'arrêt a peut-être une portée trop grande. Il fait remarquer que, dans cette espèce, c'était une disposition faite par un ancien pupille à son tuteur qui n'avait pas rendu ses comptes; or, ajoute-t-il : Si le tuteur était incapable de recevoir, le mineur était aussi incapable de disposer. Nous combattons plus loin cette manière de voir.

Pour le moment et à l'appui de notre thèse, il nous suffit de signaler que l'arrêt porte textuellement que le testateur et le légataire étaient tous les deux incapables au moment de la confection du testament; par conséquent, il reconnaît que la capacité du légataire doit exister au moment de la confection du testament, et il rend hommage à la règle catonienne.

(1) Voir p. 16.

Nous ne croyons pas que cette argumentation porte juste. Si on l'admettait soit en droit romain, soit en droit français, il faudrait admettre en même temps que la nullité prononcée par la règle catonienne est illusoire. En effet, le legs, au lieu d'être inutile, se transformerait en un legs conditionnel. Parce que le testateur a dispensé le legs de la règle catonienne il ne l'a pas rendu conditionnel, et n'a pas annoncé qu'il serait en suspens jusqu'à la réalisation d'un événement. La disposition est pure et simple, c'est la refaire que la rendre conditionnelle.

Nous reconnaissons la condition sans termes sacramentels, mais non sans volonté. Nous le demandons : aux yeux de ceux qui rejettent la règle catonienne, un tel legs serait-il conditionnel (1)? Par conséquent on ne l'envisagerait comme tel, que pour faire fraude à la règle catonienne (2).

9. En traitant du droit romain, nous avons exposé que primitivement la règle catonienne était limitée aux legs et qu'elle ne s'étendait pas aux institutions d'héritier parce que l'*initium* du droit de l'héritier dérivait d'une

---

(1) Nous avons constaté p. 54 qu'en Droit français la plupart des auteurs n'acceptent pas la règle catonienne.

(2) Aucun événement n'étant indiqué directement ou indirectement, nous demandons quelle serait la condition et à l'accomplissement de quelle condition devrait survivre le légataire pour recueillir la libéralité ?

Si l'on dit que la disposition est censée faite sous la condition que le légataire deviendra capable postérieurement, la réponse sera celle-ci : Il a été établi que lorsque la disposition est pure et simple, l'on ne doit pas, pour éviter la règle catonienne, sous-entendre qu'elle est faite pour le cas où le bénéficiaire deviendra capable. Le testateur ayant énoncé que la disposition pure et simple est affranchie de la règle catonienne, si on l'interprète en ce sens qu'elle est faite pour le temps où le bénéficiaire deviendra capable, on lui attribue une signification qu'elle n'exprime pas, et que par cela même l'on imagine ; pas plus dans un cas que dans l'autre n'apparaît l'élément constitutif de la condition.

mancipation. Dans la législation de Justinien et de la France, le testament ne réflétant aucun souvenir de la mancipation, il nous a paru que le principe de la règle catonienne pouvait remplacer la mancipation et recevoir son application à l'égard des institutions d'héritier.

De même que les legs conditionnels ne rentraient pas dans le cercle de la règle catonienne (1), de même quoiqu'on l'ait élargi, les institutions d'héritier conditionnelles n'y seront pas comprises. Il doit y avoir à cet égard assimilation entre les legs et les institutions d'héritier.

10. Les principes que nous avons tâché de mettre en lumière régissent les dispositions qu'elles se trouvent, soit dans un testament de droit commun, soit dans un testament privilégié.

En France, le testament militaire n'est affranchi du droit commun qu'en ce qui concerne les formalités (2). Les fictions ne devant pas être suppléées, nous n'appliquerons pas au testament militaire en France celle qui à Rome suppose que le titre d'héritier n'est déféré qu'à l'époque de la mort du testateur (3). D'où il suit que celui qui sera gratifié se trouvera purement et simplement en face du droit commun.

Chapitre II

Application de la règle catonienne.

Notre travail a pour effet la justification de la règle catonienne. Nous avons tâché de prouver qu'elle a son fondement dans la raison; mais ce n'est pas assez que de

---

(1) Voir p. 44.

(2) Voir nos observations dans l'écrit *De la Règle nemo pro parte testatus et pro parte intestatus*, etc., p. 70.

(3) Voir la partie du droit romain, p. 18.

constater une vérité abstraite ; il faut encore en faire l'application. Qu'est-ce qu'un point de droit qui ne peut être mis en pratique.

SECTION Ire

Quand le vice de la disposition est radical, la règle catonienne n'est pas applicable.

1. Comme en droit français il est question de la règle catonienne par rapport aux legs et aux institutions d'héritier, nous dirons que lorsque l'une de ces dispositions a un vice radical, la règle catonienne ne sera pas consultée. La disposition fût-elle conditionnelle ne pourrait être ramenée à exécution alors même que le vice viendrait à cesser avant l'événement de la condition.

2. L'absence de la *factio testamenti* constitue un vice radical. Supposons que celui que l'on condamne à une peine afflictive et perpétuelle qui entraîne l'incapacité absolue de recevoir à titre gratuit soit l'objet d'une libéralité testamentaire qui est conditionnelle. S'il obtient sa réhabilitation et qu'il rentre dans ses droits avant l'accomplissement de la condition, cela sera indifférent par rapport à cette libéralité. La réhabilitation n'aura d'effet que pour l'avenir. Que l'on considère que c'est une indignité qu'il a encourue. Il ne méritait pas d'être mentionné dans un testament. L'art. 2 de la loi du 31 mai 1854 lui permet seulement de recevoir à titre d'aliments. L'on ne doit pas être généreux à son égard, mais seulement charitable.

3. Le legs d'une chose hors du commerce serait imprégné d'un vice indélébile. Nous l'avons noté en droit romain ce legs fût-il conditionnel, fût-il même conçu dans la prévision que la chose entrerait dans le commerce, son inefficacité resterait la même. Il est permis de prévoir l'abrogation d'une loi civile, mais il n'est point permis de

trafiquer à l'égard d'une chose que la loi civile a placée hors du commerce.

4. De même si le testateur léguait purement et simplement en tout ou en partie la succession d'une personne dont il est héritier présomptif, et qu'immédiatement après la confection du testament cette succession vînt à s'ouvrir, le legs ne serait pas valable à cause de son vice d'origine qui est irrémédiable. Il serait également défectueux s'il avait été fait sous condition.

Sans doute si une personne faisait un legs universel, et qu'elle succédât ensuite à un proche parent, cette hérédité serait comprise dans la sienne, ne formerait qu'une seule hérédité, et par conséquent le légataire universel la recueillerait en totalité ; mais dans ce cas le testateur n'a pas disposé spécialement de la succession d'un autre, il n'a point prévu sa mort, ne s'est point pas avance revêtu en quelque sorte de ses dépouilles. Ce legs universel comprend tout le patrimoine ; or un patrimoine est de nature à s'accroître.

SECTION IIe

1. La règle catonienne s'applique aux legs atteints d'un vice momentané ou relatif, pourvu qu'ils ne soient pas affectés d'une modalité qui les rende futurs et incertains.

2. En droit français comme en droit romain (1) on ne peut léguer purement et simplement à quelqu'un sa proche chose. La règle catonienne s'y oppose, mais la défense n'existe pas quand le legs est conditionnel et qu'à l'époque de l'événement le légataire cesse d'être propriétaire.

C'est à tort que l'on objecterait que le legs dépendra de la seule volonté du légataire parce qu'il sera maître d'a-

(1) Voir la partie du Droit romain, p. 23.

liéner ; car s'il répugne que la validité du legs soit subordonnée à la volonté de l'héritier, il n'en est pas de même en ce qui concerne le légataire. Nous faisons dans ce cas l'application du principe en vertu duquel une obligation qui ne peut être à la merci du débiteur peut être à celle du créancier.

3. Le législateur français a prohibé le legs de la chose d'autrui alors même que le testateur aurait su que la chose ne lui appartenait pas (art. 1021). Cette innovation s'explique par le motif suivant. Il était utile de faire disparaître les difficultés qui s'élevaient en droit romain sur le point de savoir si le testateur avait su ou ignoré que la chose appartînt à autrui ; aussi les commentateurs sont-ils d'accord pour reconnaître que le legs serait valable si le testateur ne se bornant pas à léguer la chose d'autrui avait ajouté que dans le cas ou l'héritier ne pourrait pas se la procurer, il en paierait l'estimation. Ce serait là, en définitive, le legs de la chose d'autrui ainsi que l'entendaient les Romains.

Le legs de la chose d'autrui ne présente pas un vice radical, aussi ne faut-il pas hésiter à décider que ce legs serait valable s'il était fait sous condition, et que dans l'intervalle le testateur opérât l'acquisition de l'objet. Les legs conditionnels ne tombent pas sous le coup de la règle catonienne. Peu importe que dans l'espèce la condition soit autre que celle de l'acquisition de la chose (1).

4. Le legs de la chose de l'héritier doit-il être assimilé au legs de la chose d'autrui ? La question divise les commentateurs. Il n'entre pas dans notre sujet de nous expliquer à cet égard (2). Contentons-nous d'annoncer que

(1) Voir dans la partie du Droit romain, p. 23. diverses espèces que nous relatons.

(2) Toutefois, si nous avions à nous prononcer, nous déciderions que le legs de la chose de l'héritier est valable. Les Romains avaient le soin

si l'on pense que le legs de la chose de l'héritier est prohibé à l'égal du legs de la chose d'autrui, on doit néanmoins reconnaître la validité du legs de la chose de l'héritier quand il est conditionnel. Il ne rencontre alors aucun obstacle dans la règle catonienne.

5. L'on discute beaucoup sur l'effet du legs afférent à une chose indivise. Certains soutiennent que ce legs n'est valable que tout autant que par suite du partage la chose léguée tombe au lot des héritiers du testateur, qui est censé avoir été propriétaire dès le principe, le partage étant dans notre droit déclaratif de propriété. D'autres et en plus grand nombre enseignent que le legs n'est efficace que pour la part qu'avait le testateur dans la chose indivise, et que si elle n'échoit pas à ses héritiers le légataire obtiendra le prix de cette partie de la chose.

Nous n'avons pas à faire une dissertation sur la valeur du legs d'une chose indivise; mais en raisonnant dans l'hypothèse où la seconde opinion qui compte le plus de partisans et qui nous paraît la plus exacte serait acceptée, nous trouvons une application de la règle catonienne. Supposons que le testateur ait légué purement et simplement la totalité de la chose indivise entre lui et d'autres. la disposition ne vaudra que pour la part correspondante au droit du testateur, car au moment où il faisait l'acte de ses dernières volontés il n'avait qu'une part dans la

---

de distinguer le legs de la chose d'autrui du legs de la chose de l'héritier. Ils admettaient que le légataire de la chose d'autrui était tenu de prouver que le testateur avait su que la chose ne lui appartenait pas, tandis qu'il n'était pas astreint à cette preuve à l'égard de la chose de l'héritier, l. 67, § 8, Dig. de Legatis -2°. Les rédacteurs du code en prohibant le legs de la chose d'autrui ont voulu couper court aux difficultés qui résultaient de la preuve à faire; mais ces difficultés n'apparaissaient pas quand le legs portait sur la chose de l'héritier. Par conséquent, il n'y a pas identité de raison pour comprendre dans la même prohibition, et le legs de la chose d'autrui et le legs de la chose de l'héritier.

chose ; or la règle catonienne commande que l'on se réfère à ce temps pour apprécier l'étendue d'une disposition pure et simple. Il ne faut pas prendre en considération l'événement postérieur qui a pu attribuer la totalité de la chose aux représentants du testateur. L'art. 883 n'établit qu'une fiction qui a pour effet d'empêcher que les co-propriétaires puissent se nuire, entraver les opérations du partage au moyen de charges qu'ils auraient consenties.

Si nous supposons que le testateur a légué conditonnellement la totalité de la chose indivise, nous déciderons que le legs sera valable pour le tout, pourvu que la chose vienne à échoir au lot de ses héritiers, dans le cas contraire le legs ne sera valable que pour la part qu'avait le testateur au moment ou il disposait. L'on voit que le legs conditionnel n'est pas asservi à la règle catonienne.

Nous venons de nous placer dans l'hypothèse où l'indivision a cessé après la mort du testateur. Supposons qu'elle ait cessé antérieurement.

Si le legs était pur et simple, le testateur ayant ensuite acquis et conservé jusqu'à sa mort la totalité de la chose, le legs ne vaudrait que pour la part afférente au droit du testateur à l'époque de la confection du testament.

Si, au contraire, le legs était conditionnel et qu'il embrassât la totalité de la chose il aurait de l'efficacité pour cette chose entière. La règle catonienne ne contrarie pas cette solution puisque le legs est conditionnel, et que la chose se trouve au pouvoir du testateur à l'époque de son décès.

Nous venons d'énoncer que lorsque la disposition est pure et simple, le légataire ne peut prétendre qu'à la part du testateur sur la chose quand même par suite du partage elle est échue dans son lot. Le legs serait nul entièrement si elle tombait dans le lot d'un autre copartageant, parce que le legs se réfèrerait alors à la chose d'autrui (1). Vainement on objecterait que ce n'est point par un effet de sa volonté que le testateur s'est dépouillé de l'objet. Il serait répondu, que peu importe que le partage soit un acte plus ou moins volontaire, qu'il n'y a pas à examiner si l'on a intenté l'action ou si l'on a été défendeur à cette action; Dans notre droit l'on ne considère pas si l'aliénation implique la volonté de révoquer, mais seulement si le legs porte sur la chose d'autrui, legs qui était permis à Rome, et qui est inhibé en France,

C'est un cas de révocation de legs qui vient d'être signalé. L'art. 1038 dispose que toute aliénation de la chose léguée emporte révocation du legs. La règle catonienne est entièrement désintéressée dans cette espèce.

6. Le legs pur et simple d'une servitude prédiale au profit de celui qui au moment de la confection du testament ne possède pas le fonds dominant, pêche d'une manière relative. Quand même le légataire achèterait ensuite le fonds, la tache primitive que lui imprime la règle catonienne ne serait pas effacée (2). Si le legs était conditionnel il n'aurait pas à redouter les conséquences de la règle catonienne.

Cette espèce que signalent les jurisconsultes romains peut se représenter dans notre législation et comporte les mêmes solutions.

---

(1) Cette espèce diffère de celle où le partage ayant été pratiqué par les héritiers du testateur la chose n'est pas tombée dans leur lot ; le legs vaut alors pour moitié, parce que l'on ne peut objecter que le testateur a légué la chose d'autrui ; le partage n'ayant eu lieu qu'après sa mort, il est décédé avec un droit sur la chose.

(2) La raison veut qu'il en soit ainsi. Léguer une servitude prédiale, c'est léguer en quelque sorte au fonds lui-même ; or, si le fonds dominant n'existe pas à l'époque de la confection du testament le legs doit s'évanouir quoi qu'il arrive ultérieurement.

7. En droit français comme en droit romain (1), l'on doit avoir le soin de distinguer les legs *nominis*, *liberationis*, *vel debiti*. Ces sortes de legs soulèvent des questions sur lesquelles est appelée à se prononcer la règle catonienne; ainsi léguer purement et simplement *un nomen* qui n'existe pas, c'est faire une chose inutile alors même que la créance existerait plus tard.

Il en serait autrement si une condition avait été jointe au legs parce que la règle catonienne n'a pas de rapport avec les legs conditionnels (2).

En France comme à Rome, le *legatum liberationis* est nul s'il n'y a point de dette. Mais il serait permis de léguer à une personne ce qu'elle pourrait devoir ensuite. L'observation que nous venons de faire par rapport au legs d'une créance qui n'existe pas encore doit trouver ici sa place. Cette sorte de legs participerait du legs conditionnel. (3)

Nous acceptons en droit français la validité du *legatum debiti* alors qu'il y a détermination de la somme et que la dette n'existe pas (4). Une dette contractée plus tard n'atténuerait pas la valeur du legs. Le créancier cumulerait le montant du legs et de la dette.

---

(1) Le Code français est muet en ce qui concerne le legs *nominis liberationis et debiti*. Comme les décisions des jurisconsultes romains sont marquées au sceau de la raison, nous devons reconnaître leur exactitude en droit français.

(2) Voir p. 24.

(3) Si le testateur avait dit je lègue à *Primus* non pas ce que *Secundus* me doit, mais ce qu'il pourra me devoir, la disposition serait réputée conditionnelle, par rapport à la règle catonienne. Dans le passage correspondant du droit romain, nous avons présenté des développements auxquels nous renvoyons, voir p. 24.

L'on pourra consulter encore ce que nous avons écrit p. 38.

(4) Voir p. 25.

On ne pourrait lui opposer que la règle catonienne réprouve ce legs qui est pur et simple, que la dette n'ayant pris naissance que postérieurement il n'y a point un *legatum debiti*. La réponse est celle-ci : Le *legatum debiti* peut valoir, soit comme tel, soit comme legs ordinaire quand il ne se rencontre pas une dette; or, au moment où le testament était confectionné il y avait absence de dette, par conséquent le legs revêtait le caractère d'un legs ordinaire. Le testateur a voulu qu'il en fût ainsi alors qu'il masquait sa libéralité. Il ne faut pas qu'un événement postérieur et indifférent en lui-même exerce une influence désastreuse sur la libéralité, et lui impose une restriction qu'elle n'avait pas primitivement (1).

8. L'on s'est demandé si l'incapacité mentionnée dans le deuxième alinéa de l'art. 907 du code civ. est une incapacité de recevoir vis-à-vis du tuteur, ou bien une incapacité de disposer respectivement au pupille ou à celui qui a a été pupille.

Ce texte porte que le mineur devenu majeur, ne pourra disposer au profit de celui qui aura été son tuteur si le

---

(1) A Rome, quand on léguait au créancier ce qui lui était dû, celui-ci ne pouvait cumuler le legs avec la créance, à moins que le disposant n'eût indiqué une volonté contraire. L'art. 1023 du Code civil nous paraît avoir innové en ce sens que, dans le doute, le legs ne sera pas imputé sur la créance, tandis qu'il en aurait été autrement à Rome.

C'est ce que l'on décidait avant Justinien. La femme à laquelle son mari avait fait le prélegs de la dot devait opter entre l'action du legs et l'action *rei uxoriæ*. L'on connaît l'édit prétorien de *alterutro*. Toutefois, si la femme avait stipulé que la dot lui serait rendue, elle pouvait alors cumuler le bénéfice de la stipulation et celui du legs.

Il nous semble que cela ne peut s'expliquer que par la faveur qui était due à la dot. *In dubio pro dote respondendum est*. L'action résultant du legs n'étant pas plus efficace que celle provenant de la stipulation, l'on ne pensait pas que le mari en faisant le legs eût voulu faire une chose inutile.

compte définitif de la tutelle n'a été préalablement rendu et apuré. En admettant l'opinion d'après laquelle il ne s'agit là que d'une incapacité de recevoir, opinion que nous croyons la vraie (1), l'on est amené, par cela même, à faire l'application de la règle catonienne. L'ex tuteur étant institué purement et simplement, l'institution sera nulle ; l'institution étant conditionnelle sera valable quoique le compte de tutelle ait rendu et apuré postérieurement.

9. En traitant du droit romain, nous avons rappelé (2) le sénatus-consulte qui défendait de léguer les matériaux joints à un édifice. Nous avons noté que la règle cato-

(1) La question est controversée ; nous partageons le sentiment de ceux qui pensent que ce texte ne se réfère qu'à une incapacité de recevoir, car la disposition faite par celui qui a été pupille ne produit point son effet, parce que l'ex-tuteur est incapable de recevoir. La prohibition n'a été édictée qu'à cause du tuteur ; ce n'est que par contre-coup que le pupille ne peut disposer. Si l'on acceptait le sentiment contraire, il s'ensuivrait qu'il n'y aurait jamais une incapacité relative de recevoir qui ne fût en même temps une incapacité de disposer. En examinant l'économie de la loi, l'on reconnaîtra que l'article qui nous occupe est classé parmi ceux qui prévoient l'incapacité de recevoir, tandis que ceux qui précèdent sont afférents à l'incapacité de donner.

Une question analogue peut surgir à l'occasion de l'art. 909 qui prévoit l'hypothèse où le médecin a donné des soins à la personne qui le gratifie. L'on admet généralement que la prohibition édictée par l'article précité n'est pas dirigée contre le mari qui est en même temps médecin. Que faudrait-il décider, lorsque le testament aura été confectionné, alors que le mariage n'était pas contracté et qui ne l'a été que postérieurement ?

Nous serions d'avis que, dans cette hypothèse, il faut prendre en considération la règle catonienne, et, par conséquent, infirmer le legs pur et simple et le maintenir s'il est conditionnel.

L'on objecterait mal à propos que le legs accompagné d'une modalité est aussi suspect que le legs pur et simple ; car ce legs n'est pas critiqué, parce qu'il est suspect ; la morale n'est pas offensée, alors que le mari est rémunéré par la femme qu'il a soignée et qu'il épouse ensuite, mais seulement ce legs vient se heurter contre la règle catonienne.

(2) Voir p. 23.

nienne qui condamnait un tel legs pur et simple, le laissait subsister s'il était conditionnel pourvu qu'au temps de l'accomplissement de la condition, les matériaux fussent séparés de l'édifice.

En droit français, l'on reconnaît qu'un pareil legs même pur et simple n'est point prohibé, que seulement par analogie de l'art. 554, l'héritier aurait la faculté d'offrir l'estimation (1).

10. Les observations qui précèdent dénotent que la règle catonienne n'a trait qu'aux legs qui seraient susceptibles de quelque exécution à l'époque de la confection du testament. Présentons quelques nouveaux détails à cet égard.

L'application de la règle catonienne démontre combien il est essentiel de distinguer le terme de la condition. Le legs à terme est soumis à la règle catonienne comme le legs pur et simple. Le terme incertain emprunte le caractère de la condition. *Dies incertus conditionem in testamento facit*, l. 75, Dig. *de condit. et demonst.* Je vous lègue à la mort d'un tel, le legs est conditionnel, parce qu'il est incertain si vous survivrez à ce tiers. Au surplus, en droit français comme en droit romain, l'on recherchera la volonté du testateur, art. 1040 et 1041.

Dans le doute, la disposition sera-t-elle réputée à terme ou sous condition ?

Les commentateurs répondent qu'elle doit plutôt être envisagée à terme que sous condition (2).

---

(1) Telle est l'opinion généralement adoptée. Toutefois, Pothier (*Traité des donations testamentaires*, chap. IV, art. 1er, § 4) pense que l'héritier est tenu de livrer les matériaux, à moins que cette prestation n'occasionne du dommage. Cette précision a l'assentiment de M. Dalloz (*Jurisp. gén.*, v° *dispositions entre-vifs*, n° 3756).

(2) Delvincourt, t. II, p. 313 ; Dalloz, *Jurisp. gén.*, v° *Dispositions entre-vifs*, etc., n° 4331.

Cependant il nous semble qu'il faudra s'attacher à la nature des difficultés qui seront soulevées. S'agit-il par exemple de savoir si la règle catonienne devra être appliquée, le testateur ayant légué la chose d'autrui dont il a fait l'acquisition postérieurement à la confection du testament? L'on devra admettre préférablement que le legs est conditionnel; sans cette interprétation, il serait frappé de nullité. La question doit donc être résolue *secundum subjectam materiam*, et de manière à rendre la disposition efficace; *plenius interpretandæ sunt voluntates defunctorum*.

La condition résolutoire ne tient pas le droit en suspens, d'où il suit que le legs affecté d'une telle modalité subirait l'autorité de la règle catonienne. Nous n'avons pas à insister sur la différence qui existe entre la condition suspensive et la condition résolutoire; ce sont des éléments de droit qui doivent être familiers à ceux qui méditent sur les difficultés de la règle catonienne.

11. Dans la partie du droit romain, nous avons constaté que la règle catonienne ne se référait pas aux legs dont le *dies non cedit tempore mortis*, que par rapport à l'usufruit le *dies cedit ab adita hereditate*, et que par conséquent la règle catonienne est dans ce cas laissée de côté. Faut-il admettre dans la législation française, que le legs d'usufruit pur et simple n'attribue droit à la chose que du jour où l'héritier fait addition?

Nous ne saurions le penser. L'art. 1014 porte que le légataire pur et simple a un droit à la chose du jour du décès du testateur.

Dès lors, nous déciderons que le legs d'usufruit est sujet à la règle catonienne comme le legs de la propriété. Cela nous paraît tellement vrai, qu'avant que l'héritier fasse adition, le légataire peut former sa demande pour obtenir les fruits (art. 1014). Dans notre législation l'héritier est saisi de plein droit, par conséquent avant qu'il ait pris qualité, on est admis à l'actionner pour obtenir la délivrance et droit aux fruits.

La doctrine qui vient d'être exposée à l'égard de l'usufruit régit l'usage et l'habitation. Le droit au legs s'ouvre également à l'époque de la mort du testateur. Si l'héritier diffère l'acceptation, le légataire intentera une action en délivrance qui aura pour effet de procurer l'émolument qu'il aurait eu si la délivrance lui avait été immédiatement consentie. Celui même auquel un droit d'habitation a été légué et qui se trouve privé du droit de résider sera fondé à exiger une indemnité ; car cet avantage est appréciable, et les juges en tiendront compte. L'on ne peut pas forcer l'habile à succéder à faire de suite acte d'héritier ; il aura le temps de réfléchir, et de ne se décider qu'en connaissance de cause ; mais ses lenteurs et ses hésitations ne sauraient nuire à autrui.

12. La distinction entre le legs d'usufruit et le legs d'annuités étant fondée sur la raison, il faut admettre en droit français l'enseignement des jurisconsultes Romains, d'après lequel le legs de la première annuité est pur et simple et le legs des annuités subséquentes conditionnel (1). Dès lors la règle catonienne devra s'appliquer au legs de la première année et non pas aux autres.

13. Nous venons d'énoncer que le legs d'usufruit pur et simple était réputé s'ouvrir à l'époque de la mort du testateur : en serait-il de même par rapport à un legs de cette nature qui serait à terme, par exemple, quand le legs doit être acquitté dix ans après la mort du testateur ?

Au premier abord l'on serait porté à répondre affirmativement et l'on exciperait du motif suivant. Le terme n'empêche pas l'existence de la dette. Il est de principe que le

---

(1) Voir p. 32.

droit au legs qui a un terme est dévolu en même temps que le droit au legs qui est pur et simple.

Nous ne croyons pas devoir nous rendre à cet argument spécieux. L'usufruit est un droit d'une nature particulière et qui a des lois spéciales. Nous avons estimé qu'à l'égard du legs pur et simple d'usufruit le droit était acquis à l'époque de la mort du testateur et avant l'adition de l'hérédité parce que dans cet intervalle il pouvait y avoir un bénéfice pour le légataire ; mais l'on ne saurait en discerner d'aucune espèce quand le legs est à terme ; en effet si le légataire meurt avant l'échéance du terme, il ne transmet pas son droit à ses héritiers, et aucun fruit ne peut être réclamé en son nom. Ce legs se transforme en un legs conditionnel. Il ne produira aucun avantage avant le jour où l'on peut être mis en possession. Figurons-nous à présent qu'il est conçu de la manière suivante. Je lègue à *Primus* l'usufruit à condition qu'il sera en vie dix ans après ma mort. En quoi différe-t-il de celui-ci. Je lègue à *Primus* l'usufruit qui ne commencera que dix ans après ma mort. Ces deux legs n'amènent-ils pas au même résultat? d'où il faut conclure que l'un pas plus que l'autre n'est sujet à la règle catonienne.

14. Dans la partie du droit romain nous avons eu le soin d'observer qu'à l'égard des questions de réserve et de disponibilité, il faut se transporter à l'époque de la mort pour savoir s'il y a infraction à la loi et que, par conséquent, l'*initium* des legs se trouve reculé jusqu'à l'époque de la mort du testateur.

En conformité de ce principe, nous déciderons en droit français que si le père ou la mère d'un enfant naturel le gratifient, c'est à l'époque de l'ouverture de la succession qu'il faudra s'enquérir s'il y a excès. C'est à cette époque qu'il faudra considérer le degré de parenté des héritiers légitimes. Cela est tellement vrai que si les parents légitimes étaient eux-mêmes alors décédés, l'enfant naturel recueillerait la totalité du patrimoine.

La règle catonienne n'est établie que parce que le gratifié reçoit un avantage au temps de la confection du testament. L'on ne peut dire qu'il en soit ainsi quand s'élève une question de réserve et de disponibilité. C'est nécessairement à l'époque de la mort du disposant qu'il faut reporter l'*initium* des legs qu'il a effectués.

Chapitre 3.

La règle catonienne n'est pas fausse dans certains cas.

1. Les réflexions auxquelles nous nous sommes livré, dans la partie du droit romain (1), mettent au grand jour ce principe que la règle catonienne ne sévit que contre les legs qui sont susceptibles de produire quelque droit en supposant que le testateur fut mort à l'époque de la confection du testament. Elles s'adaptent entièrement au droit français.

2. De là il suit que si au legs est jointe une condition de nature à s'accomplir soit pendant la vie soit après la mort du testateur, et qui se réalise pendant sa vie, il ne saurait être question de la règle catonienne. Il est vrai que lorsque l'événement qui fait condition s'accomplit du vivant du testateur il ne peut être qualifié de condition proprement dite ; mais cela est indifférent par rapport à la règle catonienne qui ne s'applique pas aux legs subordonnés à l'accomplissement d'un événement futur et incertain, sans examiner l'époque à laquelle a lieu cet accomplissement.

Par là on voit qu'il suffit de préciser le sens de la formule de la règle catonienne pour la préserver des critiques qu'on ne lui a pas ménagées sous prétexte que dans certains cas elle est fausse. Ni en droit Romain ni en droit Français elle ne mérite ce reproche.

(1) Voir p. 34.

L'on est habitué à dire que le legs conditionnel est en dehors de la sphère de la règle catonienne, et de là on induit que si le legs n'est pas accompagné d'une condition proprement dite, il doit tomber sous le coup de la règle catonienne. Cela n'est pas exact.

La règle catonienne n'est pas faite pour les legs conditionnels, ce qui signifie qu'elle exclut les legs auxquels se rattachent non-seulement une modalité qui rigoureusement les rende conditionnels, mais encore ceux qui sont accompagnés d'une modalité qui, à l'époque de la confection du testament, laisse en suspens le droit du gratifié. C'est en ce sens que le jurisconsulte romain annonçait que la règle catonienne n'appartient pas *ad conditionalia*, l. 44, § 2, Dig. *de legatis*, 1°.

Dans cette étude comparée nous avons tâché de montrer que la règle catonienne avait sa raison d'être. Elle doit servir de guide pour éviter les erreurs, aplanir les difficultés, et arriver à des solutions juridiques. Elle est un principe, et par conséquent elle doit durer et se maintenir dans les législations qui se succèdent. Si un législateur déclarait en termes exprès qu'il veut la supprimer il manquerait à sa mission. Ce ne serait pas le droit, mais l'arbitraire qu'il inaugurerait.

Le législateur français ayant gardé le silence quant à la règle catonienne et n'ayant prononcé aucune prohibition, il n'existe pas d'obstacle, la voie est ouverte pour aboutir à la source vivifiante du droit romain ; nous avons cru devoir y puiser souvent. Nous en avons tiré profit et nous lui avons en même temps rendu hommage. La règle catonienne étant fondée sur la raison doit nécessairement trouver sa justification et son développement dans le droit romain qui est la raison écrite.

Que l'on considère, en outre, que la règle catonienne se rattache aux legs, matière si bien traitée par les jurisconsultes romains, et à laquelle les auteurs de notre code ont beaucoup emprunté, et l'on n'hésitera pas à reconnaître qu'ils n'ont pas voulu innover en l'excluant de notre législation.

Toulouse. — Typ. de Bonnal et Gibrac, rue Saint-Rome, 44.

EN VENTE A LA MÊME LIBRAIRIE.

Ouvrages du même auteur :

De l'Obligation naturelle et de l'Obligation morale en droit romain et en droit français ; 2e édit., considérablement augm. 1862, gr. in-8°. . . . . 6 fr.

De la Séparation de corps, 2me édition, considérablement augmentée, 1875, in-8°. . . . . 8 fr.

— De la règle Nemo pro parte testatus et pro parte intestatus decedere potest, en droit romain et en droit français, in-8°. . . . . . 2 fr.

BONJEAN (GEORGE), juge suppléant au tribunal de la Seine. — L'Etude du droit romain simplifiée. — Tableaux synoptiques de droit romain. — Préparations faciles et rapides des matières exigées pour la partie romaine du premier examen de baccalauréat et pour le premier examen de licence. Explication complète des Institutes de Justinien conforme à l'examen de la faculté de droit de Paris. 1876, in-f°. cart. . . . . 15 fr.

LE SELLYER (A.-F.), avocat, ancien professeur à la faculté de Paris. — Etudes historiques, théoriques et pratiques sur le droit criminel.

Première partie.

Traité de la criminalité, de la pénalité et de la responsabilité, soit pénale, soit civile, en matière de contraventions, de délits et de crimes, 2e édition, augmentée d'un supplément à la fin de chaque vol. 1874, 2 vol. in-8°. 15 fr.

Deuxième partie.

Traité de l'exercice et de l'extinction des actions publiques et privées qui naissent des contraventions, des délits et des crimes, 2me édition, augmentée d'un supplément à la fin de chaque volume, 1874, 2 vol. in-8°. . . . . 15 fr.

Troisième partie.

Traité de la compétence et de l'organisation des tribunaux chargés de la répression soit pénale, soit civile, des contraventions, des délits et des crimes. 1875. 2 vol in-8°. . . . . 15 fr.

RODIÈRE (A.), professeur à la faculté de droit de Toulouse. — Cours de compétence et de procédure en matière civile, 4me édition, revue, augmentée, 1875. 2 vol. in-8. . . . . 16 fr.

www.ingramcontent.com/pod-product-compliance
Lightning Source LLC
LaVergne TN
LVHW050618090426
835512LV00008B/1552